2016

中国
火炬统计年鉴

CHINA TORCH STATISTICAL YEARBOOK

科技部火炬高技术产业开发中心 编

Edited By
Torch High Technology Industry
Development Center
Ministry of Science & Technology

图书在版编目（CIP）数据

中国火炬统计年鉴. 2016：汉英对照 / 科技部火炬高技术产业开发中心编. -- 北京 ：中国统计出版社，2016.8
ISBN 978-7-5037-7889-6

Ⅰ. ①中… Ⅱ. ①科… Ⅲ. ①高技术产业－统计资料－中国－2016－年鉴－汉、英 Ⅳ. ①F279.244.4-54

中国版本图书馆 CIP 数据核字(2016)第 184311 号

2016 中国火炬统计年鉴

作　　者/科技部火炬高技术产业开发中心
责任编辑/郭　栋　李　冲
封面设计/李雪燕
出版发行/中国统计出版社
通信地址/北京市丰台区西三环南路甲 6 号　邮政编码/100073
电　　话/邮购（010）63376909　书店（010）68783171
网　　址/http://www.zgtjcbs.com
印　　刷/北京联兴盛业印刷股份有限公司
经　　销/新华书店
开　　本/880×1230mm　1/16
字　　数/350 千字
印　　张/11.25
版　　别/2016 年 8 月第 1 版
版　　次/2016 年 8 月第 1 次印刷
定　　价/180.00 元

如有印装错误，由本社发行部负责调换。

《2016 中国火炬统计年鉴》

CHINA TORCH STATISTICAL YEARBOOK-2016

编辑委员会

Editorial Board

编者说明

《2016中国火炬统计年鉴》是由科技部火炬高技术产业开发中心编撰的反映中国火炬计划、技术市场、全国生产力促进中心等相关内容的统计资料书。全书收录了全国各省、直辖市、自治区、计划单列市及副省级城市科技部门和各国家高新区以及苏州工业园区2015年度的相关火炬统计数据。

全书内容分十个部分。第一部分为国家高新技术产业开发区内企业的情况；第二部分为全国高新技术企业的情况；第三部分为科技企业孵化器的情况；第四部分为国家大学科技园的发展情况；第五部分为火炬计划软件产业基地的发展情况；第六部分为火炬特色产业基地的发展情况；第七部分为创新型产业集群的发展情况；第八部分为全国技术市场发展情况；第九部分为全国生产力促进中心的发展情况；第十部分为主要指标解释。

本书所涉及东部、中部、西部和东北地区的具体划分为：

东部地区：包括北京、天津、河北、上海、江苏、浙江、福建、山东、广东和海南等10个省市；中部地区：包括山西、安徽、江西、河南、湖北和湖南等6个省市；西部地区：包括内蒙古、广西、重庆、四川、贵州、云南、西藏、陕西、甘肃、青海、宁夏和新疆等12个省市；东北地区：包括辽宁、吉林和黑龙江等3个省。

本书中使用的符号："空格"表示该项统计指标数据不足本表最小单位数、数据不详或无该数据；"#"表示其中的主要项；"/"表示数据未提供，"*"或"①"表示本表下有注解。

本书中因小数取舍而产生的误差均未做配平处理。

EDITOR'S NOTES

2016 China Torch Statistical Yearbook is prepared by Torch High Technology Industry Development Center. The yearbook, which covers related data of provinces, deputy provincial level cities and cities listed independently in the state plan, National High Technology Industrial Development Zones, and Suzhou Industrial Park of the year 2015, reports on the development status of China Torch Program, China's Technology Market and Productivity Promotion Centers.

The Yearbook contains the following ten parts: 1.Development of National High Technology Industrial Development Zones (Hi-tech Zones) and its tenants; 2.Development of High Technology Enterprises; 3.Development of Technology Business Incubators; 4. Development of National University Science Parks; 5.Development of Torch Program Software Industrial Bases; 6.Development of Torch Program Specialized Industrial Bases; 7. Development of Innovative Industrial Clusters; 8.Development of Technology Market; 9. Development of Productivity Promotion Centers; 10.Explanatory Notes of Indicators.

Eastern region, central region, western region and northeastern region in the Yearbook are divided as follows:

Eastern 10 provinces (municipalities) include: Beijing, Tianjin, Hebei, Shanghai, Jiangsu, Zhejiang, Fujian, Shandong, Guangdong and Hainan; Central 6 provinces include: Shanxi, Anhui, Jiangxi, Henan, Hubei and Hunan; Western 12 provinces (autonomous regions and municipalities) include: Inner Mongolia, Guangxi, Chongqing, Sichuan, Guizhou, Yunnan, Tibet, Shaanxi, Gansu, Qinghai, Ningxia and Xinjiang; Northeastern 3 provinces include: Liaoning, Jilin and Heilongjiang.

Symbols used in this Yearbook: "blank space" indicates that the figure is not large enough to be measured with the smallest unit in the table, or data unknown, or not available; "#" indicates the major items of the total; "/" indicates that data are not available; and "*" or "①" indicates footnotes at the end of the table.

Statistical discrepancies due to rounding are not adjusted in the Yearbook.

目　录

Contents

第一部分　国家高新技术产业开发区

THE FIRST PART　NATIONAL HIGH TECHNOLOGY INDUSTRIAL DEVELOPMENT ZONES （NATIONAL HI-TECH ZONES）

第二部分 全国高新技术企业
THE SECOND PART HIGH TECHNOLOGY ENTERPRISES IN CHINA

第四部分 国家大学科技园
THE FOURTH PART NATIONAL UNIVERSITY SCIENCE PARKS

第五部分 火炬计划软件产业基地
THE FIFTH PART TORCH PROGRAM SOFTWARE INDUSTRIAL BASES

第六部分 火炬特色产业基地
THE SIXTH PART TORCH SPECIALIZED INDUSTRIAL BASES

第七部分 创新型产业集群
THE SEVENTH PART INNOVATIVE INDUSTRIAL CLUSTERS

第八部分 全国技术市场
THE EIGHTH PART TECHNOLOGY MARKET IN CHINA

第九部分　全国生产力促进中心
THE NINTH PART　PRODUCTIVITY PROMOTION CENTERS (PPCS) IN CHINA

第十部分　主要指标解释
THE TENTH PART　EXPLANATORY NOTES ON MAIN INDICATORS

第一部分

国家高新技术产业开发区

The First Part

National High Technology Industrial Development Zones (National Hi-tech Zones)

1-1 高新区企业主要经济指标[①]

Main Economic Indicators of Enterprises in National Hi-tech Zones

年 份 Year	国家高新区数 (个) Number of National S & T Industrial Parks (unit)	入统企业数 (个) Number of Enterprises to Collect Data (unit)	年末从业人员 (万人) Year End Number of Employees (10000 person)	总收入[②] (亿元) Total Income (100 million yuan)	工业总产值 (亿元) Gross Industrial Output Value (100 million yuan)	净利润 (亿元) Net Profit (100 million yuan)	上缴税额 (亿元) Taxes Submitted (100 million yuan)	出口创汇 (亿美元) Export (100 million USD)
1995	52	12980	99.1	1529.0	1402.6	107.4	69.0	29.3
1996	52	13722	129.1	2300.3	2142.3	140.5	97.7	43.0
1997	53	13681	147.5	3387.8	3109.2	206.6	143.3	64.8
1998	53	16097	183.7	4839.6	4333.6	256.2	220.8	85.3
1999	53	17498	221.0	6775.0	5944.0	398.7	338.6	119.0
2000	53	20796	250.9	9209.3	7942.0	597.0	460.2	185.8
2001	53	24293	294.3	11928.4	10116.8	644.6	640.4	226.6
2002	53	28338	348.7	15326.4	12937.1	801.1	766.4	329.2
2003	53	32857	395.4	20938.7	17257.4	1129.4	990.0	510.2
2004	53	38565	448.4	27466.3	22638.9	1422.8	1239.6	823.8
2005	53	41990	521.2	34415.6	28957.6	1603.2	1615.8	1116.5
2006[③]	53	45828	573.7	43320.0	35899.0	2128.5	1977.1	1361.0
2007	54	48472	650.2	54925.2	44376.9	3159.3	2614.1	1728.1
2008	54	52632	716.5	65985.7	52684.7	3304.2	3198.7	2015.2
2009	56	53692	810.5	78706.9	61151.4	4465.4	3994.6	2007.2
2010	83	55243	960.3	105917.3	84318.2	6855.4	5446.8	2648.0
2011	88	57033	1073.6	133425.1	105679.6	8484.2	6816.7	3180.6
2012	105	63926	1269.5	165689.9	128603.9	10243.2	9580.5	3760.4
2013	114	71180	1460.2	199648.9	151367.6	12443.6	11043.1	4133.3
2014	115	74275	1527.2	226754.5	169936.9	15052.5	13202.1	4351.4
2015	146	82712	1719.0	253662.8	186018.3	16094.8	14240.0	4732.7

注：①本年鉴中高新区企业的各项指标指纳入火炬统计的高新区内企业的各项指标。

②2014年报表制度进一步规范指标及定义，取消了“总收入”的指标，增加了“营业收入”的指标，从2014年起所列数据改为企业营业收入的汇总数据。

③苏州工业园区于2006年开始参加国家高新区创新活动，纳入火炬统计，但是苏州工业园数据单列，不包括在国家高新区综合汇总数据中，国家高新区2006年是53+1的格局，截至2015年底，全国共有146+1家国家高新区。

1-2 高新区企业主要经济指标(按地区分类)

Main Economic Indicators of Enterprises in National Hi-tech Zones by Region

地 区	Region	工商注册企业数(个) Number of Registered Enterprises (unit)	入统企业数(个) Number of Enterprises to Collect Data (unit)	高新技术企业数(个) Number of Hi-tech Enterprises (unit)	年末从业人员(人) Year End Number of Employees (person)	营业收入(千元) Operatng Revenue (1000 yuan)	工业总产值(千元) Gross Industrial Output Value (1000 yuan)
合 计	**Total**	**964750**	**82712**	**31160**	**17190396**	**25366282132**	**18601827902**
北京中关村	Beijing Zhongguancun	188398	16693	10041	2308225	4080937293	956166663
天津滨海	Tianjin Binhai	9076	3963	694	375366	756045846	422322517
石 家 庄	Shijiazhuang	6579	691	178	110581	171092019	104020515
唐 山	Tangshan	2568	178	52	17567	10982494	10876529
保 定	Baoding	5048	242	84	112243	124033162	113355974
承 德	Chengde	1319	37	11	12570	14580160	13221067
燕 郊	Yanjiao	5618	218	27	36007	57931878	48483428
太 原	Taiyuan	3700	1134	212	129143	171914317	145134657
长 治	Changzhi	2227	90	31	51966	22496788	21119162
呼和浩特	Hohhot	426	26	4	62743	64997430	16378671
包 头	Baotou	6082	542	48	105659	110444547	107586380
沈 阳	Shenyang	14005	653	134	91138	100192871	59741397
大 连	Dalian	4739	879	316	179977	184068634	117553645
鞍 山	Anshan	2390	549	38	93136	221954020	187872708
本 溪	Benxi	993	107	21	14770	13635772	13240141
锦 州	Jinzhou	1274	71	27	23749	38841086	38696590
营 口	Yingkou	756	269	25	40864	51282508	52873523
阜 新	Fuxin	1682	170	22	19866	14722736	16222719
辽 阳	Liaoyang	322	48	8	39291	100838687	59691816
长 春	Changchun	6376	789	104	165554	457527854	436439531
长春净月	Changchun Jingyue	4093	784	13	128395	102047699	70478607
吉 林	Jilin	3150	429	18	67208	78582131	76639772
通 化	Tonghua	495	61	10	76273	71884455	77047945
延 吉	Yanji	445	194	3	12905	27984360	28684391
哈 尔 滨	Harbin	5183	337	175	155034	197585730	147216994
齐齐哈尔	Qiqihaer	245	62	18	29470	14163117	13984425
大 庆	Daqing	3860	517	94	112141	244592085	206175941
上海张江	Shanghai Zhangjiang	28818	3882	2576	810692	1361284415	875459561
上海紫竹	Shanghai Zizhu	955	101	45	21686	44127803	14280480
南 京	Nanjing	4765	538	474	221064	467338307	440622165
无 锡	Wuxi	23465	1292	392	297839	339059577	320311275
江 阴	Jiangyin	552	211	92	91985	121483667	112156130
徐 州	Xuzhou	915	113	38	40549	72998499	64711772
常 州	Changzhou	19240	1044	338	161045	209611453	197568016
武 进	Wujin	5304	393	120	89759	84463433	85050643
苏 州	Suzhou	19869	1155	349	225924	264245126	265024186
昆 山	Kunshan	19203	714	273	192686	160515475	159808145
常 熟	Changshu	2663	431	61	80461	81103206	81495249
南 通	Nantong	3588	379	99	95389	175355350	125711900
连 云 港	Lianyungang	2107	88	42	35279	38304755	42131029
盐 城	Yancheng	2434	146	35	53957	49412016	52685103
扬 州	Yangzhou	1587	94	36	34875	39569792	41977809
镇 江	ZhenJiang	5580	257	34	33833	24899242	15099532
泰 州	Taizhou	6420	298	34	55221	88546865	87219372
杭 州	Hangzhou	24337	1900	537	268302	370480421	201432546
萧山临江	Xiaoshan Linjiang	4922	273	51	68262	100511255	103781176
宁 波	Ningbo	12191	551	230	167351	244029448	123291054
温 州	Wenzhou	12648	422	68	68576	36837375	39560186

1-2 续表 1 continued

地 区	Region	净利润（千元）Net Profit (1000 yuan)	上缴税费（千元）Taxes Submitted (1000 yuan)	出口创汇（千美元）Export (1000 USD)	年末资产（千元）Year End Assets (1000 yuan)	年末负债（千元）Year End Liabilities (1000 yuan)
合 计	**Total**	**1609480762**	**1424000174**	**473272567**	**34872969565**	**19722941607**
北京中关村	Beijing Zhongguancun	290353141	203572883	29885478	7621397989	4208550595
天津滨海	Tianjin Binhai	64639987	21349537	11400499	990451377	599798657
石 家 庄	Shijiazhuang	10624327	9311519	925635	235986467	147259055
唐 山	Tangshan	522477	769856	146568	17217982	8620797
保 定	Baoding	7312147	8229453	1100781	145359451	80412911
承 德	Chengde	621539	830999	26201	17969573	10888835
燕 郊	Yanjiao	2262258	2796634	50887	59347363	40555667
太 原	Taiyuan	2289164	5075932	487153	285188813	206344819
长 治	Changzhi	77845	1128424	10485	73823440	47378726
呼和浩特	Hohhot	4429307	4940198	16969	50628035	27631095
包 头	Baotou	1891256	3280632	532322	148387458	99121659
沈 阳	Shenyang	6062542	5409104	877117	154515543	68094955
大 连	Dalian	8770148	13626205	4247485	354795226	213277829
鞍 山	Anshan	20756271	15637173	1178350	105819899	65563145
本 溪	Benxi	879214	921728	53939	27301642	7307458
锦 州	Jinzhou	1906364	803350	400833	32654884	19703309
营 口	Yingkou	1057898	1388441	1088736	63971692	51057999
阜 新	Fuxin	1209226	570695	53126	16780283	9825910
辽 阳	Liaoyang	4084205	7751863	2059010	114905173	61449484
长 春	Changchun	43763774	59600144	5220655	374133069	197528326
长春净月	Changchun Jingyue	12362006	5956484	1065433	131613812	66102751
吉 林	Jilin	-1984760	12302511	356882	66875204	32095963
通 化	Tonghua	4408385	1114535	9711	38981305	11284200
延 吉	Yanji	1692427	7537518	4289	24463502	14224103
哈 尔 滨	Harbin	8197450	15575254	1008583	412998226	262819274
齐齐哈尔	Qiqihaer	-143979	656046	232871	25851819	16316105
大 庆	Daqing	17188679	15779689	285679	86625348	46422391
上海张江	Shanghai Zhangjiang	133398898	73906438	31918111	2059903728	946809170
上海紫竹	Shanghai Zizhu	1676994	3469870	845368	76855265	39155971
南 京	Nanjing	23107837	28068952	6201308	471496771	260094415
无 锡	Wuxi	18336135	14843266	17402366	380778314	175033625
江 阴	Jiangyin	4716559	4666218	4055989	121709663	65799729
徐 州	Xuzhou	4489721	4779274	305223	27377864	8645120
常 州	Changzhou	13488403	9786350	6269103	250712898	142150281
武 进	Wujin	6252680	3220444	2230537	94223988	46946699
苏 州	Suzhou	10235070	8811299	21923149	261886073	137010812
昆 山	Kunshan	7370170	5815910	5595761	125792940	68260826
常 熟	Changshu	3375982	2815565	2131659	80611420	39202201
南 通	Nantong	9924320	7995683	4485786	134644624	75793095
连 云 港	Lianyungang	6567952	5158759	420656	50504464	20213825
盐 城	Yancheng	5465869	3042527	436597	24039717	11174935
扬 州	Yangzhou	2435210	2314285	270662	35103901	14544865
镇 江	ZhenJiang	573348	826557	249156	47538243	32766228
泰 州	Taizhou	4372128	5429429	525930	63673430	31542907
杭 州	Hangzhou	39790115	22858551	5943940	583105354	313353163
萧山临江	Xiaoshan Linjiang	3492210	3365372	924625	131929957	92326572
宁 波	Ningbo	11460492	7603929	6523681	207771840	123667868
温 州	Wenzhou	1695508	1687582	627214	33257210	18747653

1-2 续表 2 continued

地 区	Region	工商注册企业数 (个) Number of Registered Enterprises (unit)	入统企业数 (个) Number of Enterprises to Collect Data (unit)	高新技术企业数 (个) Number of Hi-tech Enterprises (unit)	年末从业人员 (人) Year End Number of Employees (person)	营业收入 (千元) Operatng Revenue (1000 yuan)	工业总产值 (千元) Gross Industrial Output Value (1000 yuan)
嘉 兴	Jiaxing	1230	111	48	45998	47566467	43223228
莫干山	Moganshan	2786	205	50	35230	28264920	29111086
绍 兴	Shaoxing	7033	255	37	35059	18852677	17970422
衢 州	Quzhou	1965	217	119	61689	67941844	63692656
合 肥	Hefei	10304	1017	523	190547	389696309	311219249
芜 湖	Wuhu	1160	245	138	73970	107357999	113735731
蚌 埠	Bengbu	1862	313	131	60889	82670027	90820568
马鞍山慈湖	Ma'anshan Cihu	2028	168	82	34648	76201276	60011535
福 州	Fuzhou	432	184	93	66917	79911129	82311075
厦 门	Xiamen	2057	551	397	163572	201283302	210516537
莆 田	Putian	427	132	16	42941	44940166	45468146
三 明	Sanming	320	130	11	22394	41199881	42774411
泉 州	Quanzhou	2213	191	105	69964	51040539	59232079
漳 州	Zhangzhou	2538	345	62	97568	79538572	79896160
龙 岩	Longyan	909	173	18	34884	28299102	29857407
南 昌	Nanchang	4329	389	136	120125	200529328	178821985
景德镇	Jingdezhen	1206	165	20	62201	88718522	88021514
新 余	Xinyu	2362	229	25	46547	72555531	72156666
鹰 潭	Yingtan	574	104	22	25247	52020870	52055081
赣 州	Ganzhou	336	89	14	20062	26614989	25649631
吉 安	Ji'an	256	120	15	35479	31325389	31297474
抚 州	Fuzhou	2174	167	28	32977	41962450	40124252
济 南	Jinan	14898	663	271	240640	315056978	208325937
青 岛	Qingdao	4020	280	220	125385	251405338	192206444
淄 博	Zibo	5308	454	100	113344	236522123	225505656
枣 庄	Zaozhuang	1943	139	10	35055	27343693	25833547
黄河三角洲	Huanghe Delta	98	13		573	359868	140904
烟 台	Yantai	3399	253	66	50632	40127909	39560896
潍 坊	Weifang	7826	536	115	154525	194199796	133784722
济 宁	Jining	9566	548	128	198810	253607298	241693282
泰 安	Tai'an	2049	300	48	54386	42935044	39268043
威 海	Weihai	7333	279	98	113181	126789466	126573313
莱 芜	Laiwu	2357	115	22	17194	38459113	37951371
临 沂	Linyi	2576	376	30	67352	126910231	126662964
德 州	Dezhou	336	133	16	20356	26609892	27521392
郑 州	Zhengzhou	29330	547	208	259235	420392858	381787505
洛 阳	Luoyang	2238	841	105	117022	169796192	145090394
平顶山	Pingdingshan	779	36	8	10570	27701971	20318961
安 阳	Anyang	1405	242	20	55726	66829533	50819710
新 乡	Xinxiang	1348	188	25	55154	71125430	69773876
焦 作	Jiaozuo	1344	114	10	45888	43238568	37924209
南 阳	Nanyang	1659	185	20	49003	32114523	29717877
武 汉	Wuhan	35982	2951	1097	511934	1006214636	738931155
宜 昌	Yichang	3485	360	156	127723	215284218	203481531
襄 阳	Xiangyang	9225	736	183	164740	275686355	272433688
荆 门	Jingmen	882	363	76	82497	96025729	101754746
孝 感	Xiaogan	2364	443	107	86593	105336589	106438213
随 州	Suizhou	1334	84	59	23025	24030161	20398578
仙 桃	Xiantao	1222	249	44	80691	63401629	64619963

1-2 续表 3 continued

地 区	Region	净利润（千元）Net Profit (1000 yuan)	上缴税费（千元）Taxes Submitted (1000 yuan)	出口创汇（千美元）Export (1000 USD)	年末资产（千元）Year End Assets (1000 yuan)	年末负债（千元）Year End Liabilities (1000 yuan)
嘉 兴	Jiaxing	5120466	3016301	1781870	68378545	24067957
莫干山	Moganshan	1464915	1277872	942228	29231962	14858208
绍 兴	Shaoxing	449270	1002055	588793	30422565	15891508
衢 州	Quzhou	2583304	2801666	845875	1875940754	1058537087
合 肥	Hefei	34306130	40040796	8648645	591844007	335067969
芜 湖	Wuhu	7728731	4430380	715899	117388932	61750107
蚌 埠	Bengbu	4784954	5877920	584936	96347059	54905259
马鞍山慈湖	Ma'anshan Cihu	1933977	2196634	612739	98905320	59837010
福 州	Fuzhou	4231948	2727865	4464814	69726263	33526208
厦 门	Xiamen	6963766	10455242	17221071	160787817	89191032
莆 田	Putian	3618850	362607	501923	16898973	7757130
三 明	Sanming	2201	625943	43445	23172409	13671755
泉 州	Quanzhou	4045935	2441986	1162991	67411880	30871056
漳 州	Zhangzhou	5284097	3919240	1943369	59472193	32981759
龙 岩	Longyan	1375342	1286897	168446	35536941	17760794
南 昌	Nanchang	7142238	16963569	2895742	200227741	106463872
景德镇	Jingdezhen	2071962	3569786	995207	94045366	63376353
新 余	Xinyu	2714019	1852237	538850	78767414	42717390
鹰 潭	Yingtan	2173689	1627991	124111	32914794	3654594
赣 州	Ganzhou	1023812	625585	151807	12280222	7417323
吉 安	Ji'an	1945183	1734199	901139	9230217	3326132
抚 州	Fuzhou	1739327	2291537	242116	24744320	12487478
济 南	Jinan	18499936	26535017	6327552	435531398	274524398
青 岛	Qingdao	17255268	16111475	5607908	327335343	232915847
淄 博	Zibo	12594442	19993648	2901844	187785275	92381667
枣 庄	Zaozhuang	1219189	1171700	148390	19904518	11392050
黄河三角洲	Huanghe Delta	26239	5915		1059968	469483
烟 台	Yantai	2542785	2295943	599591	42919912	26877216
潍 坊	Weifang	16285277	14735856	4383210	238514828	152008020
济 宁	Jining	9183454	8490451	2298179	207091375	115167557
泰 安	Tai'an	3212672	2094599	278636	81840739	54450144
威 海	Weihai	10728718	7962477	3972826	145156069	69681097
莱 芜	Laiwu	1657541	481549	115578	18708749	9125909
临 沂	Linyi	8222709	4516364	1779589	32053085	14823030
德 州	Dezhou	934036	809225	227946	31741367	17068016
郑 州	Zhengzhou	17797094	8616295	43159372	388681669	201636415
洛 阳	Luoyang	14856301	12995757	1135136	188451519	100776164
平顶山	Pingdingshan	908324	828106	50873	18597017	9825607
安 阳	Anyang	3922370	6243115	246163	50062436	26543184
新 乡	Xinxiang	8891279	2106060	573288	45206279	12853650
焦 作	Jiaozuo	1029086	905850	38853	27301415	14869124
南 阳	Nanyang	2312960	1509779	407653	41092164	20548304
武 汉	Wuhan	56165898	45047694	14227818	1167440828	673416414
宜 昌	Yichang	8008964	6468709	1222269	204331559	139346065
襄 阳	Xiangyang	21552102	12780574	836868	186608525	108752266
荆 门	Jingmen	8159195	4034432	562937	67141347	33034291
孝 感	Xiaogan	3356231	5354450	304192	65811292	33720094
随 州	Suizhou	547531	615749	419548	18309183	10459186
仙 桃	Xiantao	2721657	1862793	478566	35380417	14846160

1-2 续表 4 continued

地区	Region	工商注册企业数（个）Number of Registered Enterprises (unit)	入统企业数（个）Number of Enterprises to Collect Data (unit)	高新技术企业数（个）Number of Hi-tech Enterprises (unit)	年末从业人员（人）Year End Number of Employees (person)	营业收入（千元）Operatng Revenue (1000 yuan)	工业总产值（千元）Gross Industrial Output Value (1000 yuan)
长　沙	Changsha	2711	1001	480	278253	425120873	379255262
株　洲	Zhuzhou	1202	254	107	115636	181941283	178697360
湘　潭	Xiangtan	951	321	62	85439	129703023	125387169
衡　阳	Hengyang	2406	115	34	48100	69012326	69533184
益　阳	Yiyang	445	276	51	29164	65929237	59778917
郴　州	Chenzhou	531	73	22	23855	37727988	37893499
广　州	Guangzhou	6018	2221	953	410131	536575118	394366088
深　圳	Shenzhen	7675	1469	897	434108	497677045	367898926
珠　海	Zhuhai	3719	513	223	203485	190201875	214618624
佛　山	Foshan	1444	747	343	267976	352029476	349979705
江　门	Jiangmen	652	275	60	73022	54895298	57712598
肇　庆	Zhaoqing	1062	191	60	51240	84201396	84954839
惠　州	Huizhou	9923	346	113	185473	253968679	249094354
源　城	Yuancheng	416	100	17	48385	39358047	40420240
清　远	Qingyuan	666	124	37	60362	36561553	27363722
东　莞	Dongguan	2574	405	104	78915	171524319	159094802
中　山	Zhongshan	8253	429	118	133487	172464377	183415802
南　宁	Nanning	16769	717	231	179936	192910876	155626113
柳　州	Liuzhou	3271	234	147	101196	179898046	166679483
桂　林	Guilin	14015	360	91	84991	81686385	85737513
北　海	Beihai	320	53	22	28663	51695351	52495187
海　口	Haikou	558	157	78	35541	36510369	36726824
重　庆	Chongqing	28656	1015	329	209800	207178883	171093208
璧　山	Bishan	280	188	21	71612	59986433	60673032
成　都	Chengdu	69535	1741	725	377784	576643132	464508091
自　贡	Zigong	4884	152	42	37308	46543157	46689532
攀枝花	Panzhihua	420	60	23	11767	15147884	21546558
泸　州	Luzhou	544	316	44	55279	51023909	40721037
德　阳	Deyang	638	219	38	41432	52086511	52411621
绵　阳	Mianyang	4524	129	44	111763	106713810	135725179
乐　山	Leshan	407	87	47	28767	31836165	33328141
贵　阳	Guiyang	8710	746	233	264098	287027545	215298625
昆　明	Kunming	9865	299	181	71013	171699375	105498536
玉　溪	Yuxi	1745	53	19	20131	98309171	84557560
西　安	Xi'an	33640	3794	1008	399403	895631857	661954595
宝　鸡	Baoji	7463	570	107	145515	154372809	161470270
杨　凌	Yangling	3997	193	19	24266	17749380	14285565
咸　阳	Xianyang	345	76	19	16992	40790013	40700635
渭　南	Weinan	663	70	14	26427	34502594	35301284
榆　林	Yulin	1803	21	2	14538	25491579	20287629
安　康	Ankang	1234	200	6	19706	25619570	24232321
兰　州	Lanzhou	4800	518	107	100752	160337879	89809951
白　银	Baiyin	465	182	26	70407	82702411	58515388
青　海	Qinghai	505	79	20	14054	10579620	16232787
银　川	Yinchuan	151	70	2	14574	21918039	21207124
石嘴山	Shizuishan	208	68	7	20969	15028105	14658281
乌鲁木齐	Urumqi	7681	397	124	108303	242241025	38253799
昌　吉	Changji	356	126	27	12592	26734072	24557975
新疆兵团	Xinjiang Corps	231	19	12	17068	31260678	24490165

1-2 续表 5 continued

地 区	Region	净利润 (千元) Net Profit (1000 yuan)	上缴税费 (千元) Taxes Submitted (1000 yuan)	出口创汇 (千美元) Export (1000 USD)	年末资产 (千元) Year End Assets (1000 yuan)	年末负债 (千元) Year End Liabilities (1000 yuan)
长 沙	Changsha	31438012	19342091	5721505	563896600	315461749
株 洲	Zhuzhou	9292361	10229613	2733858	195188226	113903649
湘 潭	Xiangtan	2520029	2480625	4799149	137105018	96359393
衡 阳	Hengyang	2363738	2100175	1507968	56005048	36388541
益 阳	Yiyang	2158645	1881532	356420	31768555	16114416
郴 州	Chenzhou	538436	707825	566476	27222622	16674390
广 州	Guangzhou	39953502	26030451	12676895	720031997	378490084
深 圳	Shenzhen	52725533	32637027	17027317	832528000	499713499
珠 海	Zhuhai	13198136	14418848	11896391	293343191	190373939
佛 山	Foshan	24603847	15597007	7539150	259909285	140290972
江 门	Jiangmen	3789476	2694627	2130393	56262738	23482792
肇 庆	Zhaoqing	1679139	2306994	823139	75524529	39818298
惠 州	Huizhou	7569161	9287048	22586381	174945991	95858500
源 城	Yuancheng	719709	1240625	1533047	29147251	18930859
清 远	Qingyuan	1557817	1214930	798011	58024349	44140899
东 莞	Dongguan	5490934	5557255	6153046	105503562	78792007
中 山	Zhongshan	4985186	6111058	8516030	113356712	62687763
南 宁	Nanning	15295262	7392438	2307357	440460854	265041378
柳 州	Liuzhou	6436296	10788504	607048	149171741	107466712
桂 林	Guilin	6826652	3940062	738508	78044708	42927898
北 海	Beihai	4286133	665636	1602861	14847871	5698016
海 口	Haikou	1731122	4300741	340305	56954788	25403398
重 庆	Chongqing	17502140	8279199	3839161	256056304	143200273
璧 山	Bishan	3365273	2218195	631432	25121494	12922820
成 都	Chengdu	31986921	24578467	15036632	713503371	461964313
自 贡	Zigong	1816084	2648896	396217	59373615	39280533
攀枝花	Panzhihua	66210	303967	58691	21307806	17342157
泸 州	Luzhou	2490229	1895431	14287	44308178	28203691
德 阳	Deyang	3846377	1509857	433316	31795185	19484180
绵 阳	Mianyang	775823	5151580	1913449	100865329	68786154
乐 山	Leshan	439721	883528	609154	46959602	27347066
贵 阳	Guiyang	19335668	38759974	1508222	839886244	506220031
昆 明	Kunming	-459723	5757825	704400	237068622	157010025
玉 溪	Yuxi	7475397	53896060	6633	87457443	25931472
西 安	Xi'an	56325760	64330239	12141353	1562288226	1047315321
宝 鸡	Baoji	5231913	10536647	849854	151012297	90736642
杨 凌	Yangling	758515	616476	53454	25927505	15262907
咸 阳	Xianyang	1774176	10202705	115466	23422946	11053580
渭 南	Weinan	2821293	1846416	370407	52362565	19500149
榆 林	Yulin	3343184	2709395		90227060	51417454
安 康	Ankang	3064751	970016	12960	20467053	10269477
兰 州	Lanzhou	8299014	21132672	180475	368395588	207556725
白 银	Baiyin	282163	2450462	58311	108203831	65415561
青 海	Qinghai	321572	262502	3370	18975025	7407471
银 川	Yinchuan	1354021	112875	304828	37703922	20829058
石嘴山	Shizuishan	-446615	852990	183474	34273774	13083195
乌鲁木齐	Urumqi	12086214	7441610	120512	329965930	130998872
昌 吉	Changji	2847478	927878	363114	50510170	25887144
新疆兵团	Xinjiang Corps	863803	714242	8842	57590635	39990869

1-3 高新区企业收入情况(按地区分类)

Revenue Statistics of Enterprises in National Hi-tech Zones by Region

单位：千元 (1000 yuan)

地　区	Region	营业收入 Operating Revenue	技术收入 Technical Income	产品销售收入 Product Sales Income	商品销售收入 Commodity Sales Income
合　计	**Total**	**25366282132**	**2357924614**	**19156784448**	**2442000942**
北京中关村	Beijing Zhongguancun	4080937293	662302069	1330462399	1333998435
天津滨海	Tianjin Binhai	756045846	53689340	420470304	229934502
石家庄	Shijiazhuang	171092019	34702156	113293685	21589586
唐　山	Tangshan	10982494	254921	10104211	384071
保　定	Baoding	124033162	2118987	115625455	350490
承　德	Chengde	14580160	213410	14114393	11487
燕　郊	Yanjiao	57931878	327388	54561406	355086
太　原	Taiyuan	171914317	9509440	155396498	3838415
长　治	Changzhi	22496788	1525	21030623	1236039
呼和浩特	Hohhot	64997430	30000	64416921	30314
包　头	Baotou	110444547	1625720	104170961	2237182
沈　阳	Shenyang	100192871	24258154	56740709	18239774
大　连	Dalian	184068634	28670280	134655489	9052506
鞍　山	Anshan	221954020	12127586	209631697	64775
本　溪	Benxi	13635772	41447	13484027	37702
锦　州	Jinzhou	38841086	23845	37221412	958984
营　口	Yingkou	51282508		51280345	
阜　新	Fuxin	14722736	23142	14676903	
辽　阳	Liaoyang	100838687	10698	59403646	41000644
长　春	Changchun	457527854	4410233	431866582	14518408
长春净月	Changchun Jingyue	102047699	19533616	81118828	1328208
吉　林	Jilin	78582131	291988	78138177	51632
通　化	Tonghua	71884455	306	71841471	
延　吉	Yanji	27984360	58930	27576454	8586
哈尔滨	Harbin	197585730	23199816	166481194	4265738
齐齐哈尔	Qiqihaer	14163117	1739070	11083537	1168085
大　庆	Daqing	244592085	17205748	226602409	648928
上海张江	Shanghai Zhangjiang	1361284415	179624145	1116313978	21667106
上海紫竹	Shanghai Zizhu	44127803	7845291	30183748	209166
南　京	Nanjing	467338307	16440027	412390988	21302239
无　锡	Wuxi	339059577	6074942	325430993	2449631
江　阴	Jiangyin	121483667	284751	104166597	1428900
徐　州	Xuzhou	72998499	217905	72566777	62475
常　州	Changzhou	209611453	42078153	166950920	254758
武　进	Wujin	84463433	1087195	79811257	2313284
苏　州	Suzhou	264245126	7293903	245491895	7790979
昆　山	Kunshan	160515475	386888	156722054	1206651
常　熟	Changshu	81103206	1099169	78925735	560997
南　通	Nantong	175355350	3857718	165119573	4718099
连云港	Lianyungang	38304755	216079	37533400	374225
盐　城	Yancheng	49412016	133251	48728363	105571
扬　州	Yangzhou	39569792	31903	38757625	9493
镇　江	ZhenJiang	24899242	328139	20059857	1067165
泰　州	Taizhou	88546865	786339	83268052	3990258
杭　州	Hangzhou	370480421	100502552	224862166	31724437
萧山临江	Xiaoshan Linjiang	100511255	553358	79930376	705929
宁　波	Ningbo	244029448	20694414	134725616	80428010
温　州	Wenzhou	36837375	536465	36076481	68023

1-3 续表 1 continued

单位：千元 (1000 yuan)

地　区	Region	营业收入 Operating Revenue	技术收入 Technical Income	产品销售收入 Product Sales Income	商品销售收入 Commodity Sales Income
嘉　兴	Jiaxing	47566467	483635	42436780	1313096
莫干山	Moganshan	28264920	15641	27775132	234096
绍　兴	Shaoxing	18852677	148434	18223715	135409
衢　州	Quzhou	67941844	84724	66167977	432095
合　肥	Hefei	389696309	69929649	295687820	3804964
芜　湖	Wuhu	107357999	1826052	100758789	2122945
蚌　埠	Bengbu	82670027	361049	81066951	806751
马鞍山慈湖	Ma'anshan Cihu	76201276	532987	60611975	1486318
福　州	Fuzhou	79911129	6407545	71292397	993545
厦　门	Xiamen	201283302	3686217	195366324	589008
莆　田	Putian	44940166	140299	44551581	229052
三　明	Sanming	41199881	4458967	35968876	403656
泉　州	Quanzhou	51040539	199289	49711169	394728
漳　州	Zhangzhou	79538572	26671	78128580	979760
龙　岩	Longyan	28299102	187561	27459236	427412
南　昌	Nanchang	200529328	9963947	182733129	2645754
景德镇	Jingdezhen	88718522	220861	87664518	577282
新　余	Xinyu	72555531	282781	72003135	246044
鹰　潭	Yingtan	52020870	21468	51912441	81921
赣　州	Ganzhou	26614989	256612	24888815	1297354
吉　安	Ji'an	31325389	69301	31024468	163265
抚　州	Fuzhou	41962450	747628	40034481	1103525
济　南	Jinan	315056978	42889355	268715190	834207
青　岛	Qingdao	251405338	29735431	200485729	8485332
淄　博	Zibo	236522123	9839902	221408244	2614827
枣　庄	Zaozhuang	27343693	15182	27226496	51023
黄河三角洲	Huanghe Delta	359868	887	352983	
烟　台	Yantai	40127909	123865	39384729	184218
潍　坊	Weifang	194199796	28606804	161012108	324762
济　宁	Jining	253607298	388554	241652366	7660948
泰　安	Tai'an	42935044	1471113	38693251	986942
威　海	Weihai	126789466	12517841	112801222	653074
莱　芜	Laiwu	38459113	467761	36412716	619750
临　沂	Linyi	126910231	129816	126459963	156462
德　州	Dezhou	26609892	143791	25437195	685450
郑　州	Zhengzhou	420392858	26664435	388836720	1680225
洛　阳	Luoyang	169796192	10563338	155283000	3490637
平顶山	Pingdingshan	27701971		20972888	3330679
安　阳	Anyang	66829533	571190	52759398	12268206
新　乡	Xinxiang	71125430	224310	70871103	2660
焦　作	Jiaozuo	43238568	187423	42103125	659397
南　阳	Nanyang	32114523	2095126	27811613	1512660
武　汉	Wuhan	1006214636	183434042	758568920	60237101
宜　昌	Yichang	215284218	1124273	211346400	225668
襄　阳	Xiangyang	275686355	20374963	253376531	298283
荆　门	Jingmen	96025729	1418440	92733289	1345968
孝　感	Xiaogan	105336589	3282161	101043879	200745
随　州	Suizhou	24030161	1907878	18950328	1974568
仙　桃	Xiantao	63401629	74808	62394852	560125

1-3 续表 2 continued

单位：千元 (1000 yuan)

地区	Region	营业收入 Operating Revenue	技术收入 Technical Income	产品销售收入 Product Sales Income	商品销售收入 Commodity Sales Income
长沙	Changsha	425120873	28969117	370913661	15065016
株洲	Zhuzhou	181941283	3741955	171320968	5346800
湘潭	Xiangtan	129703023	7911742	113666934	2829692
衡阳	Hengyang	69012326	23217	68081772	19955
益阳	Yiyang	65929237	4388681	60851260	629932
郴州	Chenzhou	37727988	217713	36592856	213134
广州	Guangzhou	536575118	93665174	400964486	29129784
深圳	Shenzhen	497677045	95889510	368456780	22553247
珠海	Zhuhai	190201875	3636586	182186604	1918341
佛山	Foshan	352029476	20357487	326912705	719331
江门	Jiangmen	54895298	37730	53000209	941744
肇庆	Zhaoqing	84201396	25950	84043125	
惠州	Huizhou	253968679	529748	241505697	560112
源城	Yuancheng	39358047	26279	38399683	20090
清远	Qingyuan	36561553	950746	30114096	921302
东莞	Dongguan	171524319	1694338	157924383	3789860
中山	Zhongshan	172464377	378437	164803375	5940626
南宁	Nanning	192910876	27868847	152294591	3913087
柳州	Liuzhou	179898046	7358938	162012603	6606332
桂林	Guilin	81686385	6139873	73829455	348402
北海	Beihai	51695351	50144	50455501	684014
海口	Haikou	36510369	1140500	33989424	1021008
重庆	Chongqing	207178883	31457963	165840157	3006056
璧山	Bishan	59986433	400552	58925155	264267
成都	Chengdu	576643132	111048643	454076757	3029278
自贡	Zigong	46543157	405350	45860039	70172
攀枝花	Panzhihua	15147884	230250	14551392	287811
泸州	Luzhou	51023909	845800	45137946	4396497
德阳	Deyang	52086511	47529	49540732	2435641
绵阳	Mianyang	106713810	337399	104466770	348561
乐山	Leshan	31836165	24544	31237350	320240
贵阳	Guiyang	287027545	22550558	220581014	28181512
昆明	Kunming	171699375	11914919	121543109	36741759
玉溪	Yuxi	98309171	11026	72765009	17073296
西安	Xi'an	895631857	81225477	628148399	103221597
宝鸡	Baoji	154372809	153780	150047290	1857129
杨凌	Yangling	17749380	5240461	10768207	1540223
咸阳	Xianyang	40790013	118997	38836645	1175673
渭南	Weinan	34502594	10462	22535239	11917328
榆林	Yulin	25491579	15594	19525497	5851286
安康	Ankang	25619570	6141944	8995315	7506005
兰州	Lanzhou	160337879	9560284	135242713	2521011
白银	Baiyin	82702411	117547	79579877	463902
青海	Qinghai	10579620	46	10577383	
银川	Yinchuan	21918039		21796880	95504
石嘴山	Shizuishan	15028105	18117	14613942	
乌鲁木齐	Urumqi	242241025	6249875	69139942	94930686
昌吉	Changji	26734072	34012	25550609	47613
新疆兵团	Xinjiang Corps	31260678	14363	18552201	12287214

1-4 高新区企业人员情况(按地区分类)

Personnel Statistics of Enterprises in National Hi-tech Zones by Region

单位：人 (person)

地区	Region	年末从业人员 Year End Number of Employees	留学归国人员 Returned Overseas Scholars	外籍常驻人员 Foreign Personnel in Residence	大专以上 College and Higher Level	中高级职称 Senior and Mid-Level Professional Titles
合　计	**Total**	**17190396**	**109198**	**54522**	**9066111**	**1911542**
北京中关村	Beijing Zhongguancun	2308225	27151	8533	1699898	388238
天津滨海	Tianjin Binhai	375366	3948	2970	236538	37681
石家庄	Shijiazhuang	110581	479	103	82947	24083
唐　山	Tangshan	17567	42	53	9157	1822
保　定	Baoding	112243	265	20	55614	6367
承　德	Chengde	12570	5		5432	1231
燕　郊	Yanjiao	36007	104	166	13224	2658
太　原	Taiyuan	129143	257	20	74571	23659
长　治	Changzhi	51966	23		19962	3361
呼和浩特	Hohhot	62743	56	11	38964	786
包　头	Baotou	105659	730	31	47938	11005
沈　阳	Shenyang	91138	959	144	56964	10473
大　连	Dalian	179977	4286	896	118141	26351
鞍　山	Anshan	93136	314	45	41120	15683
本　溪	Benxi	14770	63	4	7820	1187
锦　州	Jinzhou	23749	294	19	9267	1981
营　口	Yingkou	40864	78	17	8789	1025
阜　新	Fuxin	19866	13	5	5655	1172
辽　阳	Liaoyang	39291	56	12	16806	6241
长　春	Changchun	165554	1760	711	100241	17480
长春净月	Changchun Jingyue	128395	824	156	98477	31431
吉　林	Jilin	67208	39		40434	11190
通　化	Tonghua	76273	22	9	31345	2797
延　吉	Yanji	12905	25	24	7213	386
哈尔滨	Harbin	155034	246	11	88222	26679
齐齐哈尔	Qiqihaer	29470	31		12319	5264
大　庆	Daqing	112141	83	131	54612	18315
上海张江	Shanghai Zhangjiang	810692	9698	6659	556830	105930
上海紫竹	Shanghai Zizhu	21686	1870	461	17810	1694
南　京	Nanjing	221064	958	648	124128	23207
无　锡	Wuxi	297839	2515	1879	153565	22435
江　阴	Jiangyin	91985	117	157	21220	3314
徐　州	Xuzhou	40549	49	14	21711	1195
常　州	Changzhou	161045	1580	1269	77353	10287
武　进	Wujin	89759	274	334	40093	4767
苏　州	Suzhou	225924	738	1842	98146	10587
昆　山	Kunshan	192686	354	975	50825	4410
常　熟	Changshu	80461	196	932	19036	842
南　通	Nantong	95389	145	37	59428	8059
连云港	Lianyungang	35279	68	30	19162	2235
盐　城	Yancheng	53957	60	21	4736	931
扬　州	Yangzhou	34875	21	22	12054	1562
镇　江	ZhenJiang	33833	34	20	11802	1234
泰　州	Taizhou	55221	295	120	29095	1745
杭　州	Hangzhou	268302	1996	877	192538	23381
萧山临江	Xiaoshan Linjiang	68262	61	184	18100	1673
宁　波	Ningbo	167351	669	174	65605	8460
温　州	Wenzhou	68576	35	152	12767	1859

1-4 续表 1 continued

单位：人 (person)

地 区	Region	年末从业人员 Year End Number of Employees	留学归国人员 Returned Overseas Scholars	外籍常驻人员 Foreign Personnel in Residence	大专以上 College and Higher Level	中高级职称 Senior and Mid-Level Professional Titles
嘉 兴	Jiaxing	45998	64	146	13900	2807
莫干山	Moganshan	35230	30	28	8817	873
绍 兴	Shaoxing	35059	36	5	5545	1211
衢 州	Quzhou	61689	56	59	18271	5728
合 肥	Hefei	190547	4161	1469	117621	28325
芜 湖	Wuhu	73970	122	79	30326	4315
蚌 埠	Bengbu	60889	137	390	23354	5974
马鞍山慈湖	Ma'anshan Cihu	34648	19	11	14519	4011
福 州	Fuzhou	66917	143	216	34841	4580
厦 门	Xiamen	163572	820	478	77709	15011
莆 田	Putian	42941	204	153	7111	1783
三 明	Sanming	22394	7	4	2410	528
泉 州	Quanzhou	69964	73	89	16529	1698
漳 州	Zhangzhou	97568	186	138	17681	2563
龙 岩	Longyan	34884	10	9	7166	1634
南 昌	Nanchang	120125	881	201	73815	16370
景德镇	Jingdezhen	62201	185	151	18590	4388
新 余	Xinyu	46547	297	149	8051	2613
鹰 潭	Yingtan	25247	155	76	5106	1038
赣 州	Ganzhou	20062	8		1509	173
吉 安	Ji'an	35479	27	4	4655	850
抚 州	Fuzhou	32977	28	2	11773	2732
济 南	Jinan	240640	743	365	157122	33528
青 岛	Qingdao	125385	420	140	74626	14413
淄 博	Zibo	113344	140	25	60900	13467
枣 庄	Zaozhuang	35055			5393	389
黄河三角洲	Huanghe Delta	573	186	1	294	40
烟 台	Yantai	50632	335	90	20135	2892
潍 坊	Weifang	154525	1145	230	86720	12500
济 宁	Jining	198810	186	171	70020	15080
泰 安	Tai'an	54386	25	9	24074	4876
威 海	Weihai	113181	897	589	46605	7066
莱 芜	Laiwu	17194	26	38	5265	500
临 沂	Linyi	67352	62	21	12680	2977
德 州	Dezhou	20356	11		4675	881
郑 州	Zhengzhou	259235	2831	718	150907	29339
洛 阳	Luoyang	117022	500	361	61804	19410
平顶山	Pingdingshan	10570	36	6	4729	1068
安 阳	Anyang	55726	143	11	28405	5840
新 乡	Xinxiang	55154	47	10	17954	4268
焦 作	Jiaozuo	45888	190	2	8120	977
南 阳	Nanyang	49003	70	6	21921	5787
武 汉	Wuhan	511934	3251	1046	348740	100027
宜 昌	Yichang	127723	452	147	49346	13322
襄 阳	Xiangyang	164740	302	2361	63202	23806
荆 门	Jingmen	82497	57	11	32600	6714
孝 感	Xiaogan	86593	123	102	29976	9309
随 州	Suizhou	23025	33	5	6420	1570
仙 桃	Xiantao	80691	25	63	6612	2274

1-4 续表 2 continued

单位：人 (person)

地区	Region	年末从业人员 Year End Number of Employees	留学归国人员 Returned Overseas Scholars	外籍常驻人员 Foreign Personnel in Residence	大专以上 College and Higher Level	中高级职称 Senior and Mid-Level Professional Titles
长沙	Changsha	278253	1495	629	157908	29615
株洲	Zhuzhou	115636	516	132	73274	20082
湘潭	Xiangtan	85439	106	17	39751	10122
衡阳	Hengyang	48100	23	78	16694	4594
益阳	Yiyang	29164	409	137	15757	4737
郴州	Chenzhou	23855	14	19	4565	807
广州	Guangzhou	410131	3271	1737	284131	44452
深圳	Shenzhen	434108	2352	714	305154	31216
珠海	Zhuhai	203485	549	733	67035	9188
佛山	Foshan	267976	1564	629	103678	9892
江门	Jiangmen	73022	44	77	17045	1895
肇庆	Zhaoqing	51240	67	116	15033	1941
惠州	Huizhou	185473	165	406	40533	8987
源城	Yuancheng	48385	13	47	7675	777
清远	Qingyuan	60362	13	313	10927	747
东莞	Dongguan	78915	263	150	22523	3575
中山	Zhongshan	133487	234	746	35483	9030
南宁	Nanning	179936	243	62	80030	18644
柳州	Liuzhou	101196	122	39	38756	8842
桂林	Guilin	84991	99	26	34331	7201
北海	Beihai	28663	14	73	10167	966
海口	Haikou	35541	229	44	15636	2804
重庆	Chongqing	209800	2573	493	89800	21956
璧山	Bishan	71612	47	46	8306	741
成都	Chengdu	377784	2201	830	242874	44197
自贡	Zigong	37308	42	52	12033	4285
攀枝花	Panzhihua	11767	7	2	3603	960
泸州	Luzhou	55279	7	25	19426	8977
德阳	Deyang	41432	3	2	12909	1561
绵阳	Mianyang	111763	48	28	37036	5694
乐山	Leshan	28767	27	7	7736	1696
贵阳	Guiyang	264098	208	57	108852	22746
昆明	Kunming	71013	345	29	37424	9962
玉溪	Yuxi	20131	40	1	9978	1882
西安	Xi'an	399403	5182	4255	315431	130857
宝鸡	Baoji	145515	115	16	61711	16557
杨凌	Yangling	24266	103	5	9230	2259
咸阳	Xianyang	16992	45	16	7326	1537
渭南	Weinan	26427	16	1	8733	2310
榆林	Yulin	14538	4		7822	990
安康	Ankang	19706	4		7433	2399
兰州	Lanzhou	100752	2184	34	52659	17961
白银	Baiyin	70407	89	5	20805	6553
青海	Qinghai	14054	23		5655	1452
银川	Yinchuan	14574	16	11	3092	336
石嘴山	Shizuishan	20969	30	10	9627	1780
乌鲁木齐	Urumqi	108303	187	21	48727	9933
昌吉	Changji	12592	72	159	6819	1261
新疆兵团	Xinjiang Corps	17068	4	210	8760	708

1-5 国家高新区企业R&D活动与科技活动情况(按地区分类)

R&D Activities and Science and Technology Activities of Enterprises in National Hi-tech Zones by Region

地　区	region	科技活动人员(人) Personnel Engaged in Science and Technology Activities (person)	R&D人员(人) R&D Personnel (person)	R&D人员全时当量(人年) R&D Personnel Full Time Equivalent (man year)	科技活动经费内部支出(千元) Intramural Expenditures on Science and Technology Activities (1000 yuan)	R&D经费内部支出(千元) Intramural Expenditure on R&D (1000 yuan)
合　计	**Total**	**3117292**	**1754611**	**1130382**	**757834591**	**452158469**
北京中关村	Beijing Zhongguancun	604674	206165	138391	158176427	59561003
天津滨海	Tianjin Binhai	61646	38637	21013	20464560	11882057
石家庄	Shijiazhuang	23146	17617	14346	6104513	5316789
唐　山	Tangshan	3437	1193	603	329720	158588
保　定	Baoding	26248	15033	10139	4828203	2690781
承　德	Chengde	1239	567	221	182833	132595
燕　郊	Yanjiao	2172	1182	783	361746	203221
太　原	Taiyuan	19789	11203	5511	3732309	2638823
长　治	Changzhi	6532	3091	2116	754243	315071
呼和浩特	Hohhot	2392	1117	327	1003785	695784
包　头	Baotou	13500	11148	8234	2174018	1870589
沈　阳	Shenyang	10721	5477	3533	1919362	940590
大　连	Dalian	28096	9939	4755	7248582	3427766
鞍　山	Anshan	16157	13637	11078	5697798	5139187
本　溪	Benxi	1581	881	406	176549	314749
锦　州	Jinzhou	2148	1163	535	346287	241840
营　口	Yingkou	937	656	490	270074	215042
阜　新	Fuxin	1152	1152	843	281104	281273
辽　阳	Liaoyang	2870	2033	1384	1419564	972309
长　春	Changchun	29375	7886	4951	9645670	2364502
长春净月	Changchun Jingyue	16191	9426	7567	3490305	2193618
吉　林	Jilin	6952	5275	3574	1032899	674617
通　化	Tonghua	2526	1700	1057	344127	240012
延　吉	Yanji	235	18	15	60199	11497
哈尔滨	Harbin	23304	15492	10024	5474881	4239443
齐齐哈尔	Qiqihaer	5306	4024	2801	350691	227907
大　庆	Daqing	14500	8965	6062	5719674	4513725
上海张江	Shanghai Zhangjiang	267367	123679	83471	76188706	43400618
上海紫竹	Shanghai Zizhu	7126	2599	1852	3897635	1815218
南　京	Nanjing	61122	34215	24631	12437880	6514083
无　锡	Wuxi	32483	18715	13612	8475900	5079521
江　阴	Jiangyin	9115	7033	5171	2908110	2325972
徐　州	Xuzhou	5575	3474	2588	895045	453874
常　州	Changzhou	24269	11313	8321	5570757	2863141
武　进	Wujin	12177	9946	5909	2136492	1808850

1-5 续表 1 continued

地区	region	科技活动人员（人）Personnel Engaged in Science and Technology Activities (person)	R&D人员（人）R& D Personnel (person)	R&D人员全时当量（人年）R&D Personnel Full Time Equivalent (man year)	科技活动经费内部支出（千元）Intramural Expenditures on Science and Technology Activities (1000 yuan)	R&D经费内部支出（千元）Intramural Expenditure on R&D (1000 yuan)
苏州	Suzhou	34736	24234	19088	6514789	4909891
昆山	Kunshan	16980	9504	7005	2961257	1862547
常熟	Changshu	4115	2483	1779	882246	562047
南通	Nantong	8607	6195	4579	4882211	4048029
连云港	Lianyungang	6080	3956	3132	2091124	1351240
盐城	Yancheng	3061	1149	734	580445	269891
扬州	Yangzhou	3929	3077	1641	533975	436670
镇江	ZhenJiang	2330	1316	413	282390	133601
泰州	Taizhou	2751	1877	1234	841135	727117
杭州	Hangzhou	80820	54967	45492	21805096	15584375
萧山临江	Xiaoshan Linjiang	5750	3137	1950	1242299	736762
宁波	Ningbo	19488	15001	11503	3890132	3037928
温州	Wenzhou	4278	3532	2345	639203	537886
嘉兴	Jiaxing	5763	4762	3006	1172904	902576
莫干山	Moganshan	3507	2530	1890	481616	366295
绍兴	Shaoxing	1821	909	444	479579	368140
衢州	Quzhou	7028	4120	2463	1082918	1055014
合肥	Hefei	61561	41662	26415	14290544	10979316
芜湖	Wuhu	13474	9700	4883	2697479	1999142
蚌埠	Bengbu	12082	9260	5936	2634499	1920385
马鞍山慈湖	Ma'anshan Cihu	5209	3736	2000	1951311	1282353
福州	Fuzhou	15472	8182	6754	2365374	1468132
厦门	Xiamen	24210	14999	10735	5608929	4620321
莆田	Putian	1942	724	362	592710	240623
三明	Sanming	754	522	360	136669	92008
泉州	Quanzhou	8010	4480	2405	1063956	684203
漳州	Zhangzhou	5081	3269	2094	727233	507318
龙岩	Longyan	3226	2442	1596	644115	518730
南昌	Nanchang	21266	12503	6042	5034818	3593376
景德镇	Jingdezhen	6219	4415	2333	1372203	1175974
新余	Xinyu	1680	1121	534	345079	220428
鹰潭	Yingtan	1574	894	320	565971	251860
赣州	Ganzhou	528	275	72	92166	50560
吉安	Ji'an	1885	990	452	367173	192590
抚州	Fuzhou	3713	3143	1580	796370	702972
济南	Jinan	44510	31847	22926	8144732	6513066
青岛	Qingdao	24679	16970	12229	10153621	7937279

1-5 续表 2 continued

地 区	region	科技活动人员（人）Personnel Engaged in Science and Technology Activities (person)	R&D人员（人）R& D Personnel (person)	R&D人员全时当量（人年）R&D Personnel Full Time Equivalent (man year)	科技活动经费内部支出（千元）Intramural Expenditures on Science and Technology Activities (1000 yuan)	R&D经费内部支出（千元）Intramural Expenditure on R&D (1000 yuan)
淄 博	Zibo	18938	15810	11823	3593509	2956683
枣 庄	Zaozhuang	866	363	192	77004	27743
黄河三角洲	Huanghe Delta	83	18	1	45330	700
烟 台	Yantai	3963	2455	1631	811821	526090
潍 坊	Weifang	25726	21511	12948	4249640	3494169
济 宁	Jining	14753	10156	6566	3385258	2592730
泰 安	Tai'an	8594	5142	2719	1426571	782981
威 海	Weihai	16522	9803	5660	3419674	2212952
莱 芜	Laiwu	1309	726	485	226739	89124
临 沂	Linyi	2632	1864	1189	1303511	1179927
德 州	Dezhou	2078	1394	481	282250	212265
郑 州	Zhengzhou	63046	25135	9903	22317374	7498154
洛 阳	Luoyang	25368	24969	19090	5025818	5019677
平 顶 山	Pingdingshan	915	436	366	371338	220636
安 阳	Anyang	3750	3290	2422	418587	375295
新 乡	Xinxiang	5052	3567	2737	1486519	1085211
焦 作	Jiaozuo	3019	1259	272	587344	307724
南 阳	Nanyang	5972	3850	2154	636823	391910
武 汉	Wuhan	130027	96569	43087	27490862	23009110
宜 昌	Yichang	19287	13925	7936	4919135	3505211
襄 阳	Xiangyang	25010	24673	21215	6657045	6568950
荆 门	Jingmen	7499	4287	2425	2221941	1530106
孝 感	Xiaogan	8769	5873	3345	1552564	1191786
随 州	Suizhou	3387	1011	362	572584	213277
仙 桃	Xiantao	1842	776	270	359015	131637
长 沙	Changsha	69343	41548	26560	11828702	9059753
株 洲	Zhuzhou	22783	15988	10029	8438268	6383897
湘 潭	Xiangtan	6447	3607	2998	1648499	1009456
衡 阳	Hengyang	7169	3345	1849	1276546	692774
益 阳	Yiyang	3988	2135	1608	1891036	624425
郴 州	Chenzhou	2363	1408	411	469122	253605
广 州	Guangzhou	108632	68411	50076	21373261	15504695
深 圳	Shenzhen	132294	67713	50665	34429381	18300483
珠 海	Zhuhai	35922	35813	22125	8118282	8017868
佛 山	Foshan	41173	32641	16228	7343590	6105940
江 门	Jiangmen	6742	4599	3230	1363303	1075724
肇 庆	Zhaoqing	6050	5187	3755	667321	575584

1-5 续表 3 continued

地区	region	科技活动人员(人) Personnel Engaged in Science and Technology Activities (person)	R&D人员(人) R&D Personnel (person)	R&D人员全时当量(人年) R&D Personnel Full Time Equivalent (man year)	科技活动经费内部支出(千元) Intramural Expenditures on Science and Technology Activities (1000 yuan)	R&D经费内部支出(千元) Intramural Expenditure on R&D (1000 yuan)
惠州	Huizhou	16370	9120	6165	2938271	1795529
源城	Yuancheng	1674	557	247	255742	65152
清远	Qingyuan	3321	1456	737	503938	305404
东莞	Dongguan	12622	9715	6362	3902552	3316116
中山	Zhongshan	12748	11511	8303	2970756	2742784
南宁	Nanning	20003	12387	9049	3923498	2930625
柳州	Liuzhou	20566	11794	8569	4801527	3204332
桂林	Guilin	8985	4658	2628	1017825	529035
北海	Beihai	2471	839	406	287845	123926
海口	Haikou	7268	4345	1698	996633	578799
重庆	Chongqing	32150	22159	10876	5558531	4238886
璧山	Bishan	2339	1349	804	362474	211937
成都	Chengdu	77232	52031	27846	14763234	10072595
自贡	Zigong	5145	2448	1327	543561	340507
攀枝花	Panzhihua	1187	711	287	283684	162377
泸州	Luzhou	3127	1541	659	420172	204382
德阳	Deyang	2034	675	336	302395	76673
绵阳	Mianyang	15318	10761	9234	2713382	2420736
乐山	Leshan	3791	1629	569	581465	231013
贵阳	Guiyang	29638	17780	10627	5257257	3119879
昆明	Kunming	10548	6462	4724	2730242	1904494
玉溪	Yuxi	2468	1111	478	443358	95679
西安	Xi'an	117176	63385	32243	36265663	18056062
宝鸡	Baoji	20715	10443	7384	3631108	1943892
杨凌	Yangling	1378	1056	192	236014	197317
咸阳	Xianyang	2412	1289	499	333052	253383
渭南	Weinan	2006	1710	412	230077	212213
榆林	Yulin	317	110	14	255221	5857
安康	Ankang	176	176	10	171830	174400
兰州	Lanzhou	10271	2264	519	1669124	328279
白银	Baiyin	3666	1825	494	375030	216916
青海	Qinghai	729	190	71	100455	38796
银川	Yinchuan	1004	574	88	182644	95259
石嘴山	Shizuishan	2173	1674	1002	318805	269859
乌鲁木齐	Urumqi	5833	2292	904	1047113	439907
昌吉	Changji	1742	967	220	574187	454818
新疆兵团	Xinjiang Corps	1197	827	543	551443	507099

1-6 高新区企业主要经济指标(按登记注册类型分类)
Main Economic Indicators of Enterprises in National Hi-tech Zones by Registration Category

企业登记注册类型 Registration Category	入统企业数 (个) Number of Enterprises to Collect Data (unit)	高新技术企业数 (个) Number of Hi-tech Enterprises (unit)	年末从业人员 (人) Year End Number of Employees (person)	营业收入 (千元) Operating Revenue (1000 yuan)	工业总产值 (千元) Gross Industrial Output Value (1000 yuan)	出口创汇 (千美元) Export (1000 USD)
合 计 Total	**82712**	**31160**	**17190396**	**25366282132**	**18601827902**	**473272567**
#国有企业 State-owned Enterprises	2178	903	1582504	2952426006	1954150785	20141964
集体企业 Collective-owned Enterprises	346	53	103230	200960491	160133212	3826745
股份合作企业 Cooperative Enterprises	494	165	80107	65674268	62824949	2674933
联营企业 Joint Ownership Enterprises	160	54	30436	30439857	22914036	493617
有限责任公司 Limited Liability Corporations	27294	10513	4900670	7681044739	4812975730	68608900
股份有限公司 Share-holding Corporations Ltd.	5794	3851	2788482	4144953012	3101880189	57089228
私营企业 Private Enterprises	35523	12236	3192629	3383710850	2725715483	33557991
港澳台投资企业 Enterprises with Funds from HongKong, Macao and Taiwan	3628	1297	1739867	2266274921	1747967581	75066294
外商投资企业 Foreign Funded Enterprises	6932	1991	2729992	4578005024	3960274871	211124498

1-6 续表 continued

单位：千元 (1000 yuan)

企业登记注册类型 Registration Category	净利润 Net Profit	上缴税费 Taxes Submitted	年末资产 Year End Assets	流动资产 Cureent Assets	年末负债 Year End Liabilities
合 计 Total	**1609480762**	**1424000174**	**34872969565**	**18411128565**	**19722941607**
#国有企业 State-owned Enterprises	165616076	194948489	6700355533	2357372630	3884122289
集体企业 Collective-owned Enterprises	15060748	13879457	251073005	180725834	188108923
股份合作企业 Cooperative Enterprises	3866616	3224569	90523662	54340389	41582259
联营企业 Joint Ownership Enterprises	2049286	1511202	45024834	27044624	29109698
有限责任公司 Limited Liability Corporations	432677044	457891002	10630164765	6012446875	6553258498
股份有限公司 Share-holding Corporations Ltd.	340471329	250580381	7720553714	3920939956	3958250378
私营企业 Private Enterprises	195312995	132944274	3182876539	1953335514	1785158525
港澳台投资企业 Enterprises with Funds from HongKong, Macao and Taiwan	158403295	91878068	2349706389	1471084027	1260668310
外商投资企业 Foreign Funded Enterprises	293552259	275078269	3850551362	2403383354	1997086648

1-7 高新区企业收入情况(按登记注册类型分类)

Revenue Statistics of Enterprises in National Hi-tech Zones by Registration Category

单位：千元 (1000 yuan)

企业登记注册类型 Registration Category	营业收入 Operating Revenue	技术收入 Technical Income	产品销售收入 Product Sales Income	商品销售收入 Commodity Sales Income
合 计 Total	**25366282132**	**2357924614**	**19156784448**	**2442000942**
#国有企业 State-owned Enterprises	2952426006	391112765	2151959804	218002002
集体企业 Collective-owned Enterprises	200960491	17841146	175016614	300878
股份合作企业 Cooperative Enterprises	65674268	2689738	61264587	813920
联营企业 Joint Ownership Enterprises	30439857	2039341	25567740	1715459
有限责任公司 Limited Liability Corporations	7681044739	876897433	5074066959	1103882648
股份有限公司 Share-holding Corporations Ltd.	4144953012	307439404	3207076429	331333775
私营企业 Private Enterprises	3383710850	272952540	2738152716	235645546
港澳台投资企业 Enterprises with Funds from HongKong, Macao and Taiwan	2266274921	230210913	1710322042	280256351
外商投资企业 Foreign Funded Enterprises	4578005024	252971388	3956758109	268413009

1-8 高新区企业人员情况(按登记注册类型分类)

Personnel of Statistics Enterprises in National Hi-tech Zones by Registration Category

单位：人 (person)

企业登记注册类型 Registration Category	年末从业人员 Year End Number of Employees	留学归国人员 Returned Overseas Scholars	外籍常驻人员 Foreign Personnel in Residence	大专以上 College and Higher Level	中高级职称 Senior and Mid-Level Professional Titles
合 计 Total	**17190396**	**109198**	**54522**	**9066111**	**1911542**
#国有企业 State-owned Enterprises	1582504	13410	1798	936080	340352
集体企业 Collective-owned Enterprises	103230	458	30	52864	12601
股份合作企业 Cooperative Enterprises	80107	341	73	35852	6570
联营企业 Joint Ownership Enterprises	30436	185	108	13768	3995
有限责任公司 Limited Liability Corporations	4900670	29503	10557	2699068	648887
股份有限公司 Share-holding Corporations Ltd.	2788482	14319	6852	1613459	308542
私营企业 Private Enterprises	3192629	16582	5881	1538632	272323
港澳台投资企业 Enterprises with Funds from HongKong, Macao and Taiwan	1739867	9436	6193	822516	116784
外商投资企业 Foreign Funded Enterprises	2729992	24616	22970	1331625	197367

1-9 高新区企业主要经济指标(按人员规模分类)

Main Economic Indicators of Enterprises in National Hi-tech Zones by the Number of Employee

人员规模 Number of Employee	入统企业数 (个) Number of Enterprises to Collect Data (unit)	高新技术企业数 (个) Number of Hi-tech Enterprises (unit)	年末从业人员 (人) Year End Number of Employees (person)	营业收入 (千元) Operating Revenue (1000 yuan)	工业总产值 (千元) Gross Industrial Output Value (1000 yuan)
合　计 Total	**82712**	**31160**	**17190396**	**25366282132**	**18601827902**
人数≥1000 the Number≥1000	2732	1477	8786909	14501391050	11181862267
500≤人数<1000 500≤the Number<1000	3245	1725	2242977	2880908242	2212751346
300≤人数<500 300≤the Number<500	4145	2167	1581988	2129738051	1580738286
100≤人数<300 100≤the Number<300	15931	7467	2719464	3269779886	2451471307
50≤人数<100 50≤the Number<100	14984	6444	1056449	1294860303	743890302
20≤人数<50 20≤the Number<50	18267	7322	590706	884714244	312285403
人数<20 the Number<20	23408	4558	211903	404890356	118828991

1-9 续表 continued

人员规模 Number of Employee	净利润 (千元) Net Profit (1000 yuan)	上缴税费 (千元) Taxes Submitted (1000 yuan)	出口创汇 (千美元) Export (1000 USD)	年末资产 (千元) Year End Assets (1000 yuan)	年末负债 (千元) Year End Liabilities (1000 yuan)
合　计 Total	**1609480762**	**1424000174**	**473272567**	**34872969565**	**19722941607**
人数≥1000 the Number≥1000	933776379	935457140	329188445	18919774598	11067429041
500≤人数<1000 500≤the Number<1000	215836110	145915693	48599020	3845168988	2186564305
300≤人数<500 300≤the Number<500	138121955	95050765	30708742	2717717493	1443044743
100≤人数<300 100≤the Number<300	211970654	141191068	40881011	5020417796	2749150848
50≤人数<100 50≤the Number<100	73523739	48177777	15317926	2325578433	1193256931
20≤人数<50 20≤the Number<50	28474051	48738821	6446724	1244033928	698272849
人数<20 the Number<20	7777875	9468911	2130700	800278330	385222890

1-10 高新区企业收入情况(按人员规模分类)

Revenue Statistics of Enterprises in National Hi-tech Zones by the Number of Employee

单位：千元 (1000 yuan)

人员规模 Number of Employee	营业收入 Operating Revenue	技术收入 Technical Income	产品销售收入 Product Sales Income	商品销售收入 Commodity Sales Income
合　计 Total	**25366282132**	**2357924614**	**19156784448**	**2442000942**
人数≥1000 the Number≥1000	14501391050	1360656810	11427108016	989663730
500≤人数<1000 500≤the Number<1000	2880908242	281393362	2263075179	139911854
300≤人数<500 300≤the Number<500	2129738051	187500003	1596989086	155800439
100≤人数<300 100≤the Number<300	3269779886	272189314	2520633619	353770316
50≤人数<100 50≤the Number<100	1294860303	124255989	804226953	294877593
20≤人数<50 20≤the Number<50	884714244	81872022	405428542	361678583
人数<20 the Number<20	404890356	50057115	139323054	146298429

1-11 高新区企业主要经济指标(按收入规模分类)

Main Economic Indicators of Enterprises in National Hi-tech Zones by Revenue Scale

收入规模 Revenue Scale	入统企业数(个) Number of Enterprises to Collect Data (unit)	高新技术企业数(个) Number of Hi-tech Enterprises (unit)	年末从业人员(人) Year End Number of Employees (person)	营业收入(千元) Operating Revenue (1000 yuan)	工业总产值(千元) Gross Industrial Output Value (1000 yuan)
合　计 Total	**82712**	**31160**	**17190396**	**25366282132**	**18601827902**
收入≥4亿元 Revenue≥100 million Yuan	7858	3781	10580477	21417322744	15659322640
1亿元≤收入<4亿元 100 million yuan≤Revenue<400 million Yuan	12775	5832	3257321	2560958604	1992124163
2000万元≤收入<1亿元 20 million yuan≤Revenue<100 million Yuan	24521	9927	2396350	1165704912	828615475
1000万元≤收入<2000万元 10 million yuan≤Revenue<20 million Yuan	8882	3826	407606	129506710	69988001
500万元≤收入<1000万元 5 million yuan≤Revenue<10 million yuan	7792	2915	240684	56601331	37474718
收入<500万元 Revenue<5 million yuan	20884	4879	307958	36187832	14302906

1-11 续表 continued

收入规模 Revenue Scale	净利润(千元) Net Profit (1000 yuan)	上缴税费(千元) Taxes Submitted (1000 yuan)	出口创汇(千美元) Export (1000 USD)	年末资产(千元) Year End Assets (1000 yuan)	年末负债(千元) Year End Liabilities (1000 yuan)
合 计 Total	**1609480762**	**1424000174**	**473272567**	**34872969565**	**19722941607**
收入≥4亿元 Revenue≥100 million Yuan	1378578561	1217302504	417354893	26827749425	15643126646
1亿元≤收入<4亿元 100 million yuan≤Revenue<400 million Yuan	183010542	130881247	40459601	4279333669	2156199444
2000万元≤收入<1亿元 20 million yuan≤Revenue<100 million Yuan	70038687	63085541	14232148	2622013194	1337744661
1000万元≤收入<2000万元 10 million yuan≤Revenue<20 million Yuan	-562399	7207068	831220	409053561	204227036
500万元≤收入<1000万元 5 million yuan≤Revenue<10 million yuan	-4642543	3162496	273333	285170047	157088429
收入<500万元 Revenue<5 million yuan	-16942086	2361318	121372	449649670	224555390

1-12 高新区企业收入情况(按收入规模分类)

Revenue Statistics of Enterprises in National Hi-tech Zones by Revenue Scale

单位: 千元 (1000 yuan)

收入规模 Revenue Scale	营业收入 Operating Revenue	技术收入 Technical Income	产品销售收入 Product Sales Income	商品销售收入 Commodity Sales Income
合 计 Total	**25366282132**	**2357924614**	**19156784448**	**2442000942**
收入≥4亿元 Revenue≥100 million Yuan	21417322744	1860920700	16116322167	2195093178
1亿元≤收入<4亿元 100 million yuan≤Revenue<400 million Yuan	2560958604	272916602	2050443442	139136554
2000万元≤收入<1亿元 20 million yuan≤Revenue<100 million Yuan	1165704912	169320104	863852698	81495446
1000万元≤收入<2000万元 10 million yuan≤Revenue<20 million Yuan	129506710	28366207	78270957	14427101
500万元≤收入<1000万元 5 million yuan≤Revenue<10 million yuan	56601331	14931644	31010925	6803359
收入<500万元 Revenue<5 million yuan	36187832	11469358	16884260	5045303

1-13 高新区高技术产业制造业企业主要经济指标(按行业类别分类)

Main Indicators of Enterprises in Hi-tech Manufacture Fields in National Hi-tech Zones by Industry Field

行业类别 Industry Field	入统企业数 (个) Number of Enterprises to Collect Data (unit)	高新技术企业数 (个) Number of Hi-tech Enterprises (unit)	年末从业人员 (人) Year End Number of Employees (person)	营业收入 (千元) Operating Revenue (1000 yuan)	主营业务收入 (千元) Revenue from Principal Business (1000 yuan)	工业总产值 (千元) Gross Industrial Output Value (1000 yuan)
合　计 **Total**	**12364**	**6130**	**4154933**	**5443050778**	**5300019887**	**5462467627**
医药制造业 Manufacture of Medicines	2169	1125	707291	778984301	766979923	768949444
航空、航天器及设备制造业 Manufacture of Aircrafts and Spacecrafts and Related Equipment	228	153	170720	140351060	135426261	135936913
电子及通信设备制造业 Manufacture of Electronic Equipment and Communication Equipment	5311	2542	2351574	3199337010	3107916834	3235745800
计算机及办公设备制造业 Manufacture of Computers and Office Equipment	734	318	410068	759703369	736026482	770797389
医疗仪器设备及仪器仪表制造业 Manufacture of Medical Equipments and Measuring Instrument	3815	1940	456996	465007783	457735343	452863287
信息化学品制造业 Manufacture of Information Chemicals	107	52	58284	99667255	95935045	98174795

1-13 续表 continued

行业类别 Industry Field	净利润 (千元) Net Profit (1000 yuan)	上缴税费 (千元) Taxes Submitted (1000 yuan)	出口创汇 (千美元) Export (1000 USD)	年末资产 (千元) Year End Assets (1000 yuan)	年末负债 (千元) Year End Liabilities (1000 yuan)
合　计 Total	**317794288**	**234332359**	**269861077**	**5788114085**	**3025765126**
医药制造业 Manufacture of Medicines	88687812	68175702	6205592	1061641989	443520371
航空、航天器及设备制造业 Manufacture of Aircrafts and Spacecrafts and Related Equipment	7966375	3338063	1328316	273555517	162359975
电子及通信设备制造业 Manufacture of Electronic Equipment and Communication Equipment	143299885	110675563	201212421	3309251709	1814337378
计算机及办公设备制造业 Manufacture of Computers and Office Equipment	33195951	20812640	50234284	452438591	278184448
医疗仪器设备及仪器仪表制造业 Manufacture of Medical Equipments and Measuring Instrument	35960921	25977648	9085430	590060578	278566981
信息化学品制造业 Manufacture of Information Chemicals	8683344	5352743	1795034	101165701	48795973

1-14 高新区高技术产业服务业企业主要经济指标(按行业类别分类)

Main Indicators of Enterprises in Hi-tech Service Fields in National Hi-tech Zones by Industry Field

行业类别 Industry Field	入统企业数 (个) Number of Enterprises to Collect Data (unit)	高新技术企业数 (个) Number of Hi-tech Enterprises (unit)	年末从业人员 (人) Year End Number of Employees (person)	营业收入 (千元) Operating Revenue (1000 yuan)	主营业务收入 (千元) Revenue from Principal Business (1000 yuan)
合 计 Total	**24463**	**11569**	**2775417**	**2675543252**	**2629261983**
信息服务 Information Service	16898	8233	2016298	1699097041	1664178729
电子商务服务 E-commerce Service	48	36	20285	15869877	15314391
检验检测服务 Inspection and Testing Service	260	105	44329	17858488	17573310
专业技术服务业的高技术服务 Hi-tech Service in Professional Technology Service	1086	451	289779	457067863	453809011
研发与设计服务 R & D and Design Service	1708	684	184692	240346432	235725249
科技成果转化服务 Technology Results Transfer Service	3935	1780	178933	200937056	198856177
知识产权及相关法律服务 IPR and Related Legal Service	110	13	8732	4317172	4248331
环境监测及治理服务 Environmental Monitoring and Control	418	267	32369	40049325	39556785

1-14 续表 continued

行业类别 Industry Field	净利润 (千元) Net Profit (1000 yuan)	上缴税费 (千元) Taxes Submitted (1000 yuan)	出口创汇 (千美元) Export (1000 USD)	年末资产 (千元) Year End Assets (1000 yuan)	年末负债 (千元) Year End Liabilities (1000 yuan)
合 计 **Total**	**261559209**	**154800062**	**19928737**	**5290410917**	**2750972308**
信息服务 Information Service	200260332	112928659	11456786	3068996896	1522782193
电子商务服务 E-commerce Service	1536714	1045267	508	79256127	66155932
检验检测服务 Inspection and Testing Service	3644134	1596808	1988	27591185	7030202
专业技术服务业的高技术服务 Hi-tech Service in Professional Technology Service	36799199	20860384	5001070	1138649679	588634858
研发与设计服务 R & D and Design Service	12466130	7658502	2134147	407318820	230550908
科技成果转化服务 Technology Results Transfer Service	1828185	8184892	1308064	466347069	278958349
知识产权及相关法律服务 IPR and Related Legal Service	517982	311969	4654	7888086	3156687
环境监测及治理服务 Environmental Monitoring and Control	4506533	2213581	21520	94363055	53703180

1-15　苏州工业园主要经济指标

Main Economic Indicators of Suzhou Industrial Park

工商注册企业数(个) Number of Registered Enterprises (unit)	入统企业数(个) Number of Enterprises to Collect Data (unit)	高新技术企业数(个) Number of Hi-tech Enterprises (unit)	工业总产值(千元) Gross Industrial Output Value (1000 yuan)	净利润(千元) Net Profit (1000 yuan)
48792	2340	700	375358695	31418329

实际上缴税额(千元) Taxes Submitted (1000 yuan)	出口创汇(千美元) Export (1000 USD)	年末资产(千元) Year End Assets (1000 yuan)	年末负债(千元) Year End Liability (1000 yuan)
25779555	32644544	508486949	230163458

营业收入(千元) Operatng Revenue (1000 yuan)	技术收入(千元) Technical Income (1000 yuan)	产品销售收入(千元) Product Sales Income (1000 yuan)	商品销售收入(千元) Commodity Sales Income (1000 yuan)
442936759	15804272	362396614	18837307

1-16　苏州工业园企业人员情况

Personnel Statistics of Enterprises of Suzhou Industrial Park

单位：人　　(person)

年末从业人员 Year End Number of Employees	留学归国人员 Returned Overseas Scholars	外籍常驻人员 Foreign Personnel in Residence	大专以上 College and Higher Level	中高级职称 Senior and Mid-Level Professional Titles
274367	7015	9419	176000	30777

1-17　苏州工业园R&D活动与科技活动

R&D and Science and Technology Activities Statistics of Suzhou Industrial Park

科技活动人员(人) Personnel Engaged in Science and Technology Activities (person)	R&D人员(人) R&D Personnel (person)	R&D 人员全时当量(人年) R&D Personnel Full Time Equivalent (man-year)	科技活动经费内部支出(千元) Intramural Expenditures on Science and Technology Activities (1000 yuan)	R&D经费内部支出(千元) Intramural Expenditure on R&D (1000 yuan)
68093	64970	39101	14229009	13639083

第二部分

全国高新技术企业

The Second Part

High Technology Enterprises in China

2-1 全国高新技术企业主要经济指标

Main Economic Indicators of High-tech Enterprises

年 份 Year	入统企业数 (个) Number of Enterprises to Collect Data (unit)	年末从业人员 (万人) Year End Number of Employees (10 000 person)	总收入★ (亿元) Total Income (100 million yuan)	工业总产值 (亿元) Gross Industrial Output Value (100 million yuan)	净利润 (亿元) Net Profit (100 million yuan)	上缴税额 (亿元) Taxes Submitted (100 million yuan)	出口创汇 (亿美元) Export (100 million USD)
1996	12547	214.2	4029.6	3810.8	304.2	222.0	73.5
1997	12794	248.7	5630.4	5301.6	402.4	288.6	101.5
1998	15206	309.4	7624.1	7361.8	464.4	424.2	132.7
1999	17118	364.5	10936.7	10558.8	742.7	792.8	203.0
2000	20867	442.3	15648.7	14757.9	1149.7	904.5	329.2
2001	24153	511.7	19930.4	18767.2	1305.9	1279.6	395.4
2002	28504	601.8	25502.2	23877.0	1509.2	1460.1	569.1
2003	33392	729.5	35332.5	32996.0	2129.7	1925.7	900.9
2004	39490	863.8	48100.5	44615.8	2900.5	2366.1	1515.0
2005	43249	1016.1	59714.1	55780.8	3387.5	2901.2	2050.9
2006	49166	1182.6	76493.0	71840.5	4427.5	3842.3	2646.3
2007	56047	1452.2	104770.5	95911.5	6684.1	4851.4	3683.5
2008	51476	1275.0	105115.2	96546.2	5853.6	5804.8	3563.8
2009	25386	1003.3	86192.6	93319.1	6328.5	4281.5	2492.5
2010	31858	1313.6	129505.2	119022.0	9806.7	6262.1	3594.9
2011	39343	1508.3	156223.1	140338.9	10997.8	7378.7	4520.5
2012	45313	1621.3	167743.9	152235.3	10892.0	8377.7	4608.3
2013	54683	1810.2	193837.4	175106.4	12825.2	9277.4	4915.8
2014	62556	1914.8	217304.8	211335.9	14399.2	10674.8	5068.6
2015	76141	2045.2	222234.1	189757.5	14894.8	11052.1	4768.7

注：2014年报表制度进一步规范指标及定义，取消了“总收入”的指标，增加了“营业收入”的指标，从2014年起所列数据改为企业营业收入的汇总数据。

2-2 各地区高新技术企业主要经济指标

Main Economic Indicators of High-tech Enterprises by Region

地 区	Region	入统企业数（个）Number of Enterprises to Collect Data (unit)	年末从业人员（人）Year End Number of Employees (person)	营业收入（千元）Operatng Revenue (1000 yuan)	工业总产值（千元）Gross Industrial Output Value (1000 yuan)
合 计	**Total**	**76141**	**20452440**	**22223412739**	**18975748547**
东部地区	Eastern Region	54151	13542195	14743274416	12193503669
中部地区	Middle Region	11249	3485456	3987052542	3642701407
西部地区	Western Region	8208	2545651	2635004199	2379710628
东北地区	Northeast Region	2533	879138	858081582	759832843
北 京	Beijing	10881	1764414	2007813440	669840159
天 津	Tianjin	2204	423894	548906358	362260654
河 北	Hebei	1605	559512	556465426	495240802
山 西	Shanxi	715	267081	236701119	194539593
内蒙古	Inner Mongolia	234	120789	120587101	128479493
辽 宁	Liaoning	1516	406958	415147843	356580729
吉 林	Jiling	333	221797	243510698	234718168
黑龙江	Heilongjiang	684	250383	199423041	168533946
上 海	Shanghai	5969	1332241	1800116763	1221822157
江 苏	Jiangsu	10587	2637919	2938091821	2813474492
浙 江	Zhejiang	6283	1659342	1576107269	1421677264
安 徽	Anhui	3100	682883	788583268	778498626
福 建	Fujian	1996	522416	422859356	429523824
江 西	Jiangxi	1082	393780	436000230	412102512
山 东	Shandong	3809	1249893	1409673303	1722624630
河 南	Henan	1339	567026	514846765	457281098
湖 北	Hubei	3242	872680	1073544912	905227004
湖 南	Hunan	1771	702006	937376248	895052575
广 东	Guangdong	10649	3352913	3444910279	3020244310
广 西	Guangxi	631	231007	322950629	315794483
海 南	Hainan	168	39651	38330401	36795376
重 庆	Chongqing	940	422390	560401751	541205096
四 川	Sichuan	2614	710767	589241391	490459212
贵 州	Guizhou	379	146862	110253755	106984286
云 南	Yunnan	902	191905	302214717	211573141
西 藏	Tibet	22	8071	6340495	5482145
陕 西	Shaanxi	1589	417806	360291395	332113232
甘 肃	Gansu	319	100202	63958001	71999767
青 海	Qinghai	102	51252	43081546	32709535
宁 夏	Ningxia	62	32242	22564331	22892915
新 疆	Xinjiang	414	112358	133119087	120017324

2-2 续表 continued

地 区	Region	净利润（千元）Net Profit (1000 yuan)	上缴税费（千元）Taxes Submitted (1000 yuan)	出口创汇（千美元）Export (1000 USD)	年末资产（千元）Year End Assets (1000 yuan)	年末负债（千元）Year End Liabilities (1000 yuan)
合 计	**Total**	**1489478288**	**1105205257**	**476871076**	**32596395869**	**17961953390**
东部地区	Eastern Region	1112863365	735870956	385052747	21631587962	11436369105
中部地区	Middle Region	210336716	175982728	50334756	5230543093	3048245984
西部地区	Western Region	125426652	146225355	28144759	4085750930	2461400159
东北地区	Northeast Region	40851555	47126217	13338814	1648513885	1015938143
北 京	Beijing	169964474	103454816	15984927	3913702207	1924629619
天 津	Tianjin	38179927	26708388	12352215	875728395	491542973
河 北	Hebei	30346613	29279467	6506484	785027982	464084266
山 西	Shanxi	2094108	9041609	1309884	427879373	281434219
内蒙古	Inner Mongolia	2689142	5636177	1696283	278553173	183413028
辽 宁	Liaoning	15701138	23289648	8510418	912391906	584344692
吉 林	Jiling	19057864	13380672	3300992	283262266	143903340
黑龙江	Heilongjiang	6092553	10455896	1527405	452859713	287690111
上 海	Shanghai	167840646	87452192	39976100	2747376209	1454479525
江 苏	Jiangsu	177414881	140365694	95445960	3930394452	2051213687
浙 江	Zhejiang	159427431	94029635	47382962	2359432317	1128527343
安 徽	Anhui	49355367	36498756	13582818	1068624368	588630673
福 建	Fujian	29015873	18585959	17628476	562223727	278725144
江 西	Jiangxi	22474451	19910444	5107032	478166513	260566923
山 东	Shandong	77627477	68714701	37888565	2048034111	1180934806
河 南	Henan	31537212	24839765	7319294	853747472	490196087
湖 北	Hubei	61426669	47519775	10176359	1198906627	706402908
湖 南	Hunan	43448908	38172379	12839369	1203218739	721015174
广 东	Guangdong	260770302	164547022	111474430	4335914342	2431067276
广 西	Guangxi	12650194	17071392	1665247	317006928	200957922
海 南	Hainan	2275743	2733081	412628	73754220	31164466
重 庆	Chongqing	37075393	44178867	10539620	581950969	372571856
四 川	Sichuan	23898232	29279691	6700553	979279267	577491374
贵 州	Guizhou	6051726	7190591	900148	198253081	116343346
云 南	Yunnan	10070895	13093909	1563381	456860602	288620856
西 藏	Tibet	1368957	1042368	450	20694212	9343775
陕 西	Shaanxi	20165025	16479427	3015438	587366828	323786846
甘 肃	Gansu	4325721	3063376	525845	134444662	70787346
青 海	Qinghai	2097973	2793985	118564	155727763	108428625
宁 夏	Ningxia	588869	1032965	605595	49599536	27112129
新 疆	Xinjiang	4444523	5362608	813635	326013907	182543056

2-3 计划单列市高新技术企业主要经济指标

Main Economic Indicators of High-tech Enterprises of the Cities Listed Independently in the State Plan

地区	Region	入统企业数（个）Number of Enterprises to Collect Data (unit)	年末从业人员（人）Year End Number of Employees (person)	营业收入（千元）Operatng Revenue (1000 yuan)	工业总产值（千元）Gross Industrial Output Value (1000 yuan)
合　计	**Total**	**8830**	**2362444**	**2518841036**	**2180703380**
大　连	Dalian	550	145824	169623744	149159488
宁　波	Ningbo	1186	340459	331990488	328421188
厦　门	Xiamen	988	240422	176401856	176120291
青　岛	Qingdao	940	208647	309132745	250109331
深　圳	Shenzhen	5166	1427092	1531692203	1276893082

2-3　续表 continued

地区	Region	净利润（千元）Net Profit (1000 yuan)	上缴税费（千元）Taxes Submitted (1000 yuan)	出口创汇（千美元）Export (1000 USD)	年末资产（千元）Year End Assets (1000 yuan)	年末负债（千元）Year End Liabilities (1000 yuan)
合　计	**Total**	**200700733**	**119007234**	**82153227**	**3514558165**	**2024296878**
大　连	Dalian	2957187	11373081	4181960	421794792	297875774
宁　波	Ningbo	24855676	15552783	10734630	411425103	207997000
厦　门	Xiamen	12207647	6591302	10940441	224501764	104821981
青　岛	Qingdao	22635992	16021355	5701605	398827823	220952272
深　圳	Shenzhen	138044231	69468714	50594591	2058008683	1192649849

2-4 副省级城市高新技术企业主要经济指标

Main Economic Indicators of High-tech Enterprises of the Deputy Provincial Level Cities

地区	Region	入统企业数（个）Number of Enterprises to Collect Data (unit)	年末从业人员（人）Year End Number of Employees (person)	营业收入（千元）Operatng Revenue (1000 yuan)	工业总产值（千元）Gross Industrial Output Value (1000 yuan)
合计	**Total**	**11305**	**2942060**	**3170367893**	**2751769528**
沈阳	Shenyang	407	131950	118363911	105281449
长春	Changchun	211	115375	141313745	128160783
哈尔滨	Harbin	421	161969	126939427	112243001
南京	Nanjing	1253	336532	410461125	311717911
杭州	Hangzhou	1939	457092	503092716	316611495
济南	Jinan	575	180275	238110353	619601138
武汉	Wuhan	1628	388156	542376186	377789440
广州	Guangzhou	1891	483638	535579962	369800810
成都	Chengdu	1681	412735	310810369	200443626
西安	Xi'an	1299	274338	243320099	210119874

2-4 续表 continued

地区	Region	净利润（千元）Net Profit (1000 yuan)	上缴税费（千元）Taxes Submitted (1000 yuan)	出口创汇（千美元）Export (1000 USD)	年末资产（千元）Year End Assets (1000 yuan)	年末负债（千元）Year End Liabilities (1000 yuan)
合计	**Total**	**248082335**	**175453681**	**48825706**	**4629445989**	**2500675578**
沈阳	Shenyang	4781919	5267215	1481588	244658839	151164364
长春	Changchun	10032315	9089375	2992243	160683210	84531513
哈尔滨	Harbin	5985740	7695977	1113247	303753000	194379238
南京	Nanjing	27767022	22541365	5474655	574640713	330143313
杭州	Hangzhou	85823046	39610615	9441006	811269155	342264489
济南	Jinan	14629845	10876338	7084851	262299630	147736774
武汉	Wuhan	30299416	24965718	5415815	659356838	398899114
广州	Guangzhou	36900265	26474825	10072147	650725348	333600492
成都	Chengdu	16123216	17509167	3698089	543548869	291667962
西安	Xi'an	15739553	11423085	2052064	418510388	226288320

2-5 各地区高新技术企业收入情况

Revenue Statistics of High-tech Enterprises by Region

单位：千元 (1000 yuan)

地区	Region	营业收入 Operatng Revenue	技术收入 Technical Income	产品销售收入 Product Sales Income	商品销售收入 Commodity Sales Income
合计	**Total**	**22223412739**	**2031703628**	**18684302271**	**559759778**
东部地区	Eastern Region	14743274416	1517725556	12086874680	438264347
中部地区	Middle Region	3987052542	247214541	3578993655	33382985
西部地区	Western Region	2635004199	220091330	2245003162	72193087
东北地区	Northeast Region	858081582	46672200	773430774	15919359
北京	Beijing	2007813440	549461919	970214760	248712980
天津	Tianjin	548906358	95626948	397843395	10629910
河北	Hebei	556465426	24217544	501042863	4590504
山西	Shanxi	236701119	11466174	212745295	3998428
内蒙古	Inner Mongolia	120587101	1016995	113760457	2371487
辽宁	Liaoning	415147843	20665364	370527666	12121163
吉林	Jiling	243510698	1878765	234239583	1902011
黑龙江	Heilongjiang	199423041	24128071	168663525	1896186
上海	Shanghai	1800116763	292108389	1391672117	22480177
江苏	Jiangsu	2938091821	92727743	2716042941	42473375
浙江	Zhejiang	1576107269	147474962	1372200492	12926313
安徽	Anhui	788583268	23421584	723206243	5334021
福建	Fujian	422859356	12804036	399471440	2945270
江西	Jiangxi	436000230	14043421	411335787	4877518
山东	Shandong	1409673303	64194014	1281208283	22848650
河南	Henan	514846765	42233822	444076487	5926747
湖北	Hubei	1073544912	97213544	947451240	7541102
湖南	Hunan	937376248	58835995	840178603	5705169
广东	Guangdong	3444910279	236115950	3023330919	69783695
广西	Guangxi	322950629	12171373	298540369	2270910
海南	Hainan	38330401	2994050	33847470	873475
重庆	Chongqing	560401751	15213424	528591009	4624215
四川	Sichuan	589241391	88986927	466308843	7358429
贵州	Guizhou	110253755	10254126	95663673	904086
云南	Yunnan	302214717	21445017	230643403	37580905
西藏	Tibet	6340495	33026	6199178	79334
陕西	Shaanxi	360291395	29384674	301191280	12597784
甘肃	Gansu	63958001	5406358	55538916	1378663
青海	Qinghai	43081546	16255168	23717432	301011
宁夏	Ningxia	22564331	528852	20601842	333453
新疆	Xinjiang	133119087	19395392	104246760	2392810

2-6 计划单列市高新技术企业收入情况
Revenue Statistics of High-tech Enterprises of the Cities Listed Independently in the State Plan

地 区	Region	营业收入 Operatng Revenue	技术收入 Technical Income	产品销售收入 Product Sales Income	商品销售收入 Commodity Sales Income
合 计	**Total**	**2518841036**	**182508598**	**2185449952**	**67945207**
大 连	Dalian	169623744	4466598	161074758	973187
宁 波	Ningbo	331990488	6607795	315962009	941298
厦 门	Xiamen	176401856	6298894	165088864	988530
青 岛	Qingdao	309132745	24113075	261766135	11829599
深 圳	Shenzhen	1531692203	141022235	1281558186	53212592

2-7 副省级城市高新技术企业收入情况
Revenue Statistics of High-tech Enterprises of the Deputy Provincial Level Cities

地 区	Region	营业收入 Operatng Revenue	技术收入 Technical Income	产品销售收入 Product Sales Income	商品销售收入 Commodity Sales Income
合 计	**Total**	**3170367893**	**501069031**	**2505942275**	**61563832**
沈 阳	Shenyang	118363911	9623997	100352328	3505287
长 春	Changchun	141313745	1805873	132971224	1830187
哈尔滨	Harbin	126939427	9890614	113984755	1089207
南 京	Nanjing	410461125	48167034	329980163	21256523
杭 州	Hangzhou	503092716	136946034	346050399	5524907
济 南	Jinan	238110353	15970871	216901794	1126326
武 汉	Wuhan	542376186	89867337	439997492	4878039
广 州	Guangzhou	535579962	78085297	431567096	7681019
成 都	Chengdu	310810369	85774672	201492248	2953978
西 安	Xi'an	243320099	24937302	192644776	11718361

2-8 各地区高新技术企业人员情况

Personnel Statistics of High-tech Enterprises by Region

单位：人 (person)

地 区	Region	年末从业人员 Year End Number of Employees	留学归国人员 Returned Overseas Scholars	外籍常驻人员 Foreign Personnel in Residence	大专以上 College and Higher Level	中高级职称 Senior and Mid-Level Professional Titles
合 计	**Total**	**20452440**	**90220**	**45904**	**10463146**	**2146618**
东部地区	Eastern Region	13542195	64319	32893	7060830	1241458
中部地区	Middle Region	3485456	13203	9119	1681085	415565
西部地区	Western Region	2545651	8725	3377	1259129	358658
东北地区	Northeast Region	879138	3973	515	462102	130937
北 京	Beijing	1764414	18791	4841	1317768	306224
天 津	Tianjin	423894	3428	1008	263812	63644
河 北	Hebei	559512	1202	346	266791	52777
山 西	Shanxi	267081	329	306	125670	30813
内 蒙 古	Inner Mongolia	120789	609	64	61720	10756
辽 宁	Liaoning	406958	3007	380	229386	65660
吉 林	Jiling	221797	561	92	105385	21459
黑 龙 江	Heilongjiang	250383	405	43	127331	43818
上 海	Shanghai	1332241	11690	6900	851394	190357
江 苏	Jiangsu	2637919	9798	9620	1216358	187544
浙 江	Zhejiang	1659342	4462	2449	714736	89797
安 徽	Anhui	682883	2758	2053	315109	67832
福 建	Fujian	522416	1460	1039	221924	33542
江 西	Jiangxi	393780	1818	971	152774	32778
山 东	Shandong	1249893	3252	1350	605007	111180
河 南	Henan	567026	2293	1044	283259	65733
湖 北	Hubei	872680	3322	3612	450508	130827
湖 南	Hunan	702006	2683	1133	353765	87582
广 东	Guangdong	3352913	10109	5315	1580485	201869
广 西	Guangxi	231007	343	134	96369	20647
海 南	Hainan	39651	127	25	22555	4524
重 庆	Chongqing	422390	1074	317	179096	69491
四 川	Sichuan	710767	2150	785	337805	96173
贵 州	Guizhou	146862	142	66	70504	16733
云 南	Yunnan	191905	544	35	94897	26452
西 藏	Tibet	8071	37	61	4682	479
陕 西	Shaanxi	417806	1945	848	253350	80937
甘 肃	Gansu	100202	1359	37	51336	16268
青 海	Qinghai	51252	44	21	26345	5700
宁 夏	Ningxia	32242	30	14	16048	2094
新 疆	Xinjiang	112358	448	995	66977	12928

2-9 计划单列市高新技术企业人员情况
Personnel Statistics of High-tech Enterprises of the Cities Listed Independently in the State Plan

单位：人 (person)

地区	Region	年末从业人员 Year End Number of Employees	留学归国人员 Returned Overseas Scholars	外籍常驻人员 Foreign Personnel in Residence	大专以上 College and Higher Level	中高级职称 Senior and Mid-Level Professional Titles
合　计	**Total**	**2362444**	**9024**	**3677**	**1209663**	**168270**
大　连	Dalian	145824	1466	202	84227	25209
宁　波	Ningbo	340459	638	357	129262	13410
厦　门	Xiamen	240422	383	599	97930	14442
青　岛	Qingdao	208647	731	242	108062	18952
深　圳	Shenzhen	1427092	5806	2277	790182	96257

2-10 副省级城市高新技术企业人员情况
Personnel Statistics of High-tech Enterprises of the Deputy Provincial Level Cities

单位：人 (person)

地区	Region	年末从业人员 Year End Number of Employees	留学归国人员 Returned Overseas Scholars	外籍常驻人员 Foreign Personnel in Residence	大专以上 College and Higher Level	中高级职称 Senior and Mid-Level Professional Titles
合　计	**Total**	**2942060**	**12413**	**5255**	**1834281**	**430301**
沈　阳	Shenyang	131950	836	108	85052	23508
长　春	Changchun	115375	475	79	60154	16448
哈尔滨	Harbin	161969	321	16	90152	28699
南　京	Nanjing	336532	1623	477	229043	46178
杭　州	Hangzhou	457092	2069	1000	278846	35763
济　南	Jinan	180275	423	363	116755	23797
武　汉	Wuhan	388156	1913	600	264264	76267
广　州	Guangzhou	483638	1767	1141	292634	50228
成　都	Chengdu	412735	1292	653	229076	65124
西　安	Xi'an	274338	1694	818	188305	64289

2-11 各地区高新技术企业R&D活动与科技活动情况

R&D Activities and Science and Technology Activities Statistics of High-tech Enterprises by Region

地　区	Region	科技活动人员（人）Personnel Engaged in Science and Technology Activities (person)	R&D人员（人）R&D Personnel (person)	R&D人员全时当量（人年）R&D Personnel Full Time Equivalent (man year)	科技活动经费内部支出（千元）Intramural Expenditures on Science and Technology Activities (1000 yuan)	R&D经费内部支出（千元）Intramural Expenditure on R&D (1000 yuan)
合　计	**Total**	**5255352**	**2965178**	**1835827**	**1048125731**	**630404044**
东部地区	Eastern Region	3616231	1999837	1296940	749390609	444035409
中部地区	Middle Region	860211	525884	290606	157559581	104048312
西部地区	Western Region	571211	325514	177493	104131648	60550759
东北地区	Northeast Region	207699	113944	70787	37043894	21769564
北　京	Beijing	567069	201046	132714	142834285	58819736
天　津	Tianjin	126229	99221	51043	26268740	20515710
河　北	Hebei	138776	80129	49273	23461588	14685623
山　西	Shanxi	56461	32741	16463	7680990	4672510
内蒙古	Inner Mongolia	23719	14420	9726	5403848	2808389
辽　宁	Liaoning	110597	60300	37991	19906455	11118827
吉　林	Jiling	41591	19982	12004	7661107	3986328
黑龙江	Heilongjiang	55511	33662	20792	9213182	6664409
上　海	Shanghai	469169	215994	140328	119382648	65462005
江　苏	Jiangsu	637489	384643	254613	118876317	75683499
浙　江	Zhejiang	387150	262425	193701	76884030	55799141
安　徽	Anhui	179021	113821	63737	29810671	20279945
福　建	Fujian	122248	68240	46312	18081320	12065521
江　西	Jiangxi	75002	40811	18918	13288753	8116671
山　东	Shandong	297208	176708	105010	54505242	32707623
河　南	Henan	147325	94668	56728	25463450	15794799
湖　北	Hubei	232061	144856	78047	43510940	30528717
湖　南	Hunan	170341	98986	56714	37196937	24655670
广　东	Guangdong	859096	505853	321925	168744324	107530455
广　西	Guangxi	46908	23311	14441	9311194	4868492
海　南	Hainan	11797	5577	2022	1619072	766097
重　庆	Chongqing	76489	50718	28817	13372787	9821798
四　川	Sichuan	175290	100674	53387	25446686	15454311
贵　州	Guizhou	30809	17414	11292	4636356	2817548
云　南	Yunnan	45983	26298	11960	9938214	6275735
西　藏	Tibet	1905	1303	773	192483	147574
陕　西	Shaanxi	115681	64072	35174	25156142	12836584
甘　肃	Gansu	19590	11525	3846	2769252	1494693
青　海	Qinghai	6579	2210	1242	1289835	524696
宁　夏	Ningxia	6293	4261	2203	940491	687244
新　疆	Xinjiang	21965	9310	4633	5278393	2813695

2-12 计划单列市高新技术企业R&D活动与科技活动情况

R&D Activities and Science and Technology Activities Statistics of High-tech Enterprises of the Cities Listed Independently in the State Plan

地区 region		科技活动人员（人）Personnel Engaged in Science and Technology Activities (person)	R&D人员（人）R&D Personnel (person)	R&D人员全时当量（人年）R&D Personnel Full Time Equivalent (man year)	科技活动经费内部支出（千元）Intramural Expenditures on Science and Technology Activities (1000 yuan)	R&D经费内部支出（千元）Intramural Expenditure on R&D (1000 yuan)
合计	**Total**	**610655**	**332658**	**219264**	**133617508**	**79406717**
大连	Dalian	39256	17753	9189	8943151	4443529
宁波	Ningbo	64628	51678	39714	12290990	9951474
厦门	Xiamen	50620	31660	22356	8436956	6342808
青岛	Qingdao	56940	31885	19875	12919619	7241470
深圳	Shenzhen	399211	199681	128131	91026791	51427436

2-13 副省级城市高新技术企业R&D活动与科技活动情况

R&D Activities and Science and Technology Activities Statistics of High-tech Enterprises of the Deputy Provincial Level Cities

地区 region		科技活动人员（人）Personnel Engaged in Science and Technology Activities (person)	R&D人员（人）R&D Personnel (person)	R&D人员全时当量（人年）R&D Personnel Full Time Equivalent (man year)	科技活动经费内部支出（千元）Intramural Expenditures on Science and Technology Activities (1000 yuan)	R&D经费内部支出（千元）Intramural Expenditure on R&D (1000 yuan)
合计	**Total**	**901056**	**534552**	**337019**	**174648314**	**111556662**
沈阳	Shenyang	36266	20686	14621	5687819	3132402
长春	Changchun	30204	12751	7826	6039791	2975782
哈尔滨	Harbin	37059	24134	15000	7468395	5728478
南京	Nanjing	109577	51973	32584	21536659	10489086
杭州	Hangzhou	149124	94749	74530	35800305	25878828
济南	Jinan	55143	34403	23816	8948919	5828125
武汉	Wuhan	127773	81763	39764	24033744	17241594
广州	Guangzhou	158360	96926	67023	27720085	19104373
成都	Chengdu	110306	67634	35283	17151680	11000122
西安	Xi'an	87244	49532	26571	20260917	10177872

2-14 高新技术企业主要经济指标(按登记注册类型分类)

Main Economic Indicators of High-tech Enterprises by Registration Category

企业登记注册类型 Registration Category	入统企业数(个) Number of Enterprises to Collect Data (unit)	年末从业人员(人) Year End Number of Employees (person)	营业收入(千元) Operatng Revenue (1000 yuan)	工业总产值(千元) Gross Industrial Output Value (1000 yuan)	出口创汇(千美元) Export (1000 USD)
合　计 **Total**	**76141**	**20452440**	**22223412739**	**18975748547**	**476871076**
#国有企业 State-owned Enterprises	2342	1751132	2080528737	1305907550	21707240
集体企业 Collective-owned Enterprises	159	45184	43715740	40424035	526454
股份合作企业 Cooperative Enterprises	484	159051	130652300	133318899	3834346
联营企业 Joint Ownership Enterprises	116	33360	37010862	33841372	583740
有限责任公司 Limited Liability Corporations	23008	5385240	6128592737	4669020560	85422348
股份有限公司 Share-holding Corporations Ltd.	9444	4569601	5163367112	4599826023	98067709
私营企业 Private Enterprises	32001	4313035	3554681988	3619662407	64356907
港澳台投资企业 Enterprises with Funds from HongKong, Macao and Taiwan	3706	1934697	2261454679	1980675762	83812179
外商投资企业 Foreign Funded Enterprises	4575	2205548	2784915441	2563835809	117766841

2-14 续表 continued

(1000 yuan)

企业登记注册类型 Registration Category	净利润 Net Profit	上缴税费 Taxes Submitted	年末资产 Year End Assets	流动资产 Current Assets	年末负债 Year End Liabilities
合　计 **Total**	**1489478288**	**1105205257**	**32596395869**	**19824133218**	**17961953390**
#国有企业 State-owned Enterprises	91610317	89785535	3509138926	2114130772	2207429818
集体企业 Collective-owned Enterprises	2451035	1875715	71463947	36737746	34252939
股份合作企业 Cooperative Enterprises	8316752	8379913	182076591	104264425	86466143
联营企业 Joint Ownership Enterprises	1992980	1758291	50010928	27579681	29360897
有限责任公司 Limited Liability Corporations	372686294	275034983	8679071220	5484400502	5375737963
股份有限公司 Share-holding Corporations Ltd.	408652143	308899489	9461392279	5254407130	4568431691
私营企业 Private Enterprises	191098753	155221113	4494850035	2843192975	2549631417
港澳台投资企业 Enterprises with Funds from HongKong, Macao and Taiwan	227160421	124073894	2922716831	1891029902	1446558857
外商投资企业 Foreign Funded Enterprises	181819539	138142386	3171668801	2036355318	1635451051

2-15 高新技术企业收入情况(按登记注册类型分类)
Revenue Statistics of High-tech Enterprises by Registration Category

单位：千元 (1000 yuan)

企业登记注册类型 Registration Category	营业收入 Operatng Revenue	技术收入 Technical Income	产品销售收入 Product Sales Income	商品销售收入 Commodity Sales Income
合　计 Total	**22223412739**	**2031703628**	**18684302271**	**559759778**
#国有企业 State-owned Enterprises	2080528737	363785122	1561306327	31587216
集体企业 Collective-owned Enterprises	43715740	2717249	39235691	449137
股份合作企业 Cooperative Enterprises	130652300	2314676	125355231	867840
联营企业 Joint Ownership Enterprises	37010862	1232782	34405708	57879
有限责任公司 Limited Liability Corporations	6128592737	813250342	4797156749	120287063
股份有限公司 Share-holding Corporations Ltd.	5163367112	273327559	4567980442	144173288
私营企业 Private Enterprises	3554681988	203087630	3118854448	121589872
港澳台投资企业 Enterprises with Funds from HongKong, Macao and Taiwan	2261454679	254406794	1901809885	52953971
外商投资企业 Foreign Funded Enterprises	2784915441	114225950	2503957244	87506636

2-16 高新技术企业人员情况(按登记注册类型分类)
Personnel Statistics of High-tech Enterprises by Registration Category

单位：人 (person)

企业登记注册类型 Registration Category	年末从业人员 Year End Number of Employees	留学归国人员 Returned Overseas Scholars	外籍常驻人员 Foreign Personnel in Residence	大专以上 College and Higher Level	中高级职称 Senior and Mid-Level Professional Titles
合　计 Total	**20452440**	**90220**	**45904**	**10463146**	**2146618**
#国有企业 State-owned Enterprises	1751132	7761	1073	1034138	382783
集体企业 Collective-owned Enterprises	45184	92	7	21858	5466
股份合作企业 Cooperative Enterprises	159051	377	144	68877	10017
联营企业 Joint Ownership Enterprises	33360	94	30	14231	3674
有限责任公司 Limited Liability Corporations	5385240	25578	8081	2959751	693085
股份有限公司 Share-holding Corporations Ltd.	4569601	16605	8270	2389280	456134
私营企业 Private Enterprises	4313035	17309	8411	2038854	330140
港澳台投资企业 Enterprises with Funds from HongKong, Macao and Taiwan	1934697	8336	5465	876190	110820
外商投资企业 Foreign Funded Enterprises	2205548	13867	14360	1032699	151054

2-17 高新技术企业主要经济指标(按人员规模分类)

Main Economic Indicators of High-tech Enterprises by the Number of Employee

人员规模 Number of Employee	入统企业数 (个) Number of Enterprises to Collect Data (unit)	年末从业人员 (人) Year End Number of Employees (person)	营业收入 (千元) Operatng Revenue (1000 yuan)	工业总产值 (千元) Gross Industrial Output Value (1000 yuan)
合　计 Total	**76141**	**20452440**	**22223412739**	**18975748547**
人数≥1000 the Number≥1000	3613	9265582	11935990813	9807325738
500≤人数<1000 500≤the Number<1000	4759	3281846	3373042737	2938678541
300≤人数<500 300≤the Number<500	6222	2375831	2352175824	2067014196
100≤人数<300 100≤the Number<300	21436	3718269	3258831949	3224195790
50≤人数<100 50≤the Number<100	16629	1188993	886690424	682877414
20≤人数<50 20≤the Number<50	15864	529464	355629974	230776718
人数<20 the Number<20	7618	92455	61051017	24880151

2-17 续表 continued

人员规模 Number of Employee	净利润 (千元) Net Profit (1000 yuan)	上缴税费 (千元) Taxes Submitted (1000 yuan)	出口创汇 (千美元) Export (1000 USD)	年末资产 (千元) Year End Assets (1000 yuan)	年末负债 (千元) Year End Liabilities (1000 yuan)
合　计 Total	**1489478288**	**1105205257**	**476871076**	**32596395869**	**17961953390**
人数≥1000 the Number≥1000	792183773	587503919	286590699	16849502042	9797548827
500≤人数<1000 500≤the Number<1000	240863551	172181930	77882726	5004088867	2684584562
300≤人数<500 300≤the Number<500	171460182	119516074	45656769	3530951022	1797227497
100≤人数<300 100≤the Number<300	223498606	162069050	53523834	4880516108	2536026762
50≤人数<100 50≤the Number<100	55013748	43816145	10305436	1469546661	732939893
20≤人数<50 20≤the Number<50	13239886	17263387	2633532	696685923	337833861
人数<20 the Number<20	-6781457	2854751	278080	165105245	75791987

2-18 高新技术企业收入情况(按人员规模分类)
Revenue Statistics of High-tech Enterprises by the Number of Employee

单位：千元 (1000 yuan)

人员规模 Number of Employee	营业收入 Operatng Revenue	技术收入 Technical Income	产品销售收入 Product Sales Income	商品销售收入 Commodity Sales Income
合　计 Total	**22223412739**	**2031703628**	**18684302271**	**559759778**
人数≥1000 the Number≥1000	11935990813	1231549201	9861503636	252729660
500≤人数<1000 500≤the Number<1000	3373042737	247377403	2936720876	54107975
300≤人数<500 300≤the Number<500	2352175824	166310008	2044149009	56558248
100≤人数<300 100≤the Number<300	3258831949	233439489	2804071379	125067061
50≤人数<100 50≤the Number<100	886690424	93817705	731933398	35978132
20≤人数<50 20≤the Number<50	355629974	47509072	268976099	25831914
人数<20 the Number<20	61051017	11700750	36947876	9486788

2-19 高新技术企业主要经济指标(按收入规模分类)
Main Economic Indicators of High-tech Enterprises by Revenue Scale

收入规模 Revenue Scale	入统企业数 (个) Number of Enterprises to Collect Data (unit)	年末从业人员 (人) Year End Number of Employees (person)	营业收入 (千元) Operatng Revenue (1000 yuan)	工业总产值 (千元) Gross Industrial Output Value (1000 yuan)
合　计 **Total**	**76141**	**20452440**	**22223412739**	**18975748547**
收入≥4亿元 Revenue≥100 million Yuan	9003	11561854	17422058007	14410039309
1亿元≤收入<4亿元 100 million yuan≤Revenue<400 million Yuan	16464	4937472	3301678960	2902979124
2000万元≤收入<1亿元 20 million yuan≤Revenue<100 million Yuan	26572	3040658	1305141534	1520918693
1000万元≤收入<2000万元 10 million yuan≤Revenue<20 million Yuan	8854	468370	128594872	91868686
500万元≤收入<1000万元 5 million yuan≤Revenue<10 million yuan	6213	235856	45480116	36968456
收入<500万元 Revenue<5 million yuan	9035	208230	20459250	12974279

2-19 续表 continued

收入规模 Revenue Scale	净利润 (千元) Net Profit (1000 yuan)	上缴税费 (千元) Taxes Submitted (1000 yuan)	出口创汇 (千美元) Export (1000 USD)	年末资产 (千元) Year End Assets (1000 yuan)	年末负债 (千元) Year End Liabilities (1000 yuan)
合 计 Total	**1489478288**	**1105205257**	**476871076**	**32596395869**	**17961953390**
收入≥4亿元 Revenue≥100 million Yuan	1197964222	827943560	385720414	23743882954	13528164568
1亿元≤收入<4亿元 100 million yuan≤Revenue<400 million Yuan	250563875	189364282	69954002	5529390146	2747920932
2000万元≤收入<1亿元 20 million yuan≤Revenue<100 million Yuan	67389180	76621762	19808239	2562757536	1301874130
1000万元≤收入<2000万元 10 million yuan≤Revenue<20 million Yuan	-10145742	7407791	1055807	353274180	184991242
500万元≤收入<1000万元 5 million yuan≤Revenue<10 million yuan	-4380117	2587311	264961	180865450	88746819
收入<500万元 Revenue<5 million yuan	-11913130	1280551	67652	226225603	110255698

2-20 高新技术企业收入情况(按收入规模分类)
Revenue Statistics of High-tech Enterprises by Revenue Scale

单位：千元 (1000 yuan)

收入规模 Revenue Scale	营业收入 Operatng Revenue	技术收入 Technical Income	产品销售收入 Product Sales Income	商品销售收入 Commodity Sales Income
合 计 Total	**22223412739**	**2031703628**	**18684302271**	**559759778**
收入≥4亿元 Revenue≥100 million Yuan	17422058007	1583140507	14584566005	434792249
1亿元≤收入<4亿元 100 million yuan≤Revenue<400 million Yuan	3301678960	264133121	2876129932	72763997
2000万元≤收入<1亿元 20 million yuan≤Revenue<100 million Yuan	1305141534	146469703	1084340701	41553398
1000万元≤收入<2000万元 10 million yuan≤Revenue<20 million Yuan	128594872	22340675	94988078	7014013
500万元≤收入<1000万元 5 million yuan≤Revenue<10 million yuan	45480116	9946454	31385713	2487119
收入<500万元 Revenue<5 million yuan	20459250	5673167	12891842	1149004

2-21 高新技术企业中高技术产业制造业企业主要经济指标(按行业类别分类)

Main Indicators of High-tech Enterprises in Hi-tech Manufacture Fields by Industry Field

行业类别 Industry Field	入统企业数(个) Number of Enterprises to Collect Data (unit)	年末从业人员(人) Year End Number of Employees (person)	营业收入(千元) Operatng Revenue (1000 yuan)	主营业务收入(千元) Revenue from Principal Business (1000 yuan)	工业总产值(千元) Gross Industrial Output Value (1000 yuan)
合 计 Total	**14552**	**4906962**	**4708844695**	**4591822267**	**5207091664**
医药制造业 Manufacture of Medicines	2920	1092340	924268472	908651995	984730811
航空、航天器及设备制造业 Manufacture of Aircrafts and Spacecrafts and Related Equipment	329	282349	211498233	205311464	198876666
电子及通信设备制造业 Manufacture of Electronic Equipment and Communication Equipment	6564	2613594	2657846448	2576100224	2678511377
计算机及办公设备制造业 Manufacture of Computers and Office Equipment	688	285403	418694488	414647177	397000546
医疗仪器设备及仪器仪表制造业 Manufacture of Medical Equipments and Measuring Instrument	3965	593492	439027402	430350008	888713697
信息化学品制造业 Manufacture of Information Chemicals	86	39784	57509652	56761399	59258568

2-21 续表 continued

行业类别 Industry Field	净利润(千元) Net Profit (1000 yuan)	上缴税费(千元) Taxes Submitted (1000 yuan)	出口创汇(千美元) Export (1000 USD)	年末资产(千元) Year End Assets (1000 yuan)	年末负债(千元) Year End Liabilities (1000 yuan)
合 计 Total	**379930349**	**239508882**	**178809901**	**6488560573**	**3165505502**
医药制造业 Manufacture of Medicines	125778605	91521932	12313347	1530467280	620394398
航空、航天器及设备制造业 Manufacture of Aircrafts and Spacecrafts and Related Equipment	14840723	5077226	2490560	510714432	295055011
电子及通信设备制造业 Manufacture of Electronic Equipment and Communication Equipment	176325565	102608616	125528067	3287118236	1678108044
计算机及办公设备制造业 Manufacture of Computers and Office Equipment	17828609	10225365	29366919	342075058	194794512
医疗仪器设备及仪器仪表制造业 Manufacture of Medical Equipments and Measuring Instrument	41977921	27400481	7665745	711363992	321364795
信息化学品制造业	3178926	2675261	1445263	106821576	55788743

2-22 高新技术企业中高技术产业服务业企业主要经济指标(按行业类别分类)

Main Indicators of High-tech Enterprises in Hi-tech Service Fields by Industry Field

行业类别 Industry Field	入统企业数 (个) Number of Enterprises to Collect Data (unit)	年末从业人员 (人) Year End Number of Employees (person)	营业收入 (千元) Operatng Revenue (1000 yuan)	主营业务收入 (千元) Revenue from Principal Business (1000 yuan)
合 计 Total	**17300**	**2687509**	**2269953106**	**2239172573**
信息服务 Information Service	12500	1858044	1378585896	1361593509
电子商务服务 E-commerce Service	54	22461	18311975	17726403
检验检测服务 Inspection and Testing Service	222	53643	19320035	19129621
专业技术服务业的高技术服务 Hi-tech Service in Professional Technology Service	895	394897	503338027	497069898
研发与设计服务 R & D and Design Service	948	169399	168694533	164420258
科技成果转化服务 Technology Results Transfer Service	2100	130461	121284612	119651070
知识产权及相关法律服务 IPR and Related Legal Service	15	2994	1169183	1165435
环境监测及治理服务 Environmental Monitoring and Control	566	55610	59248845	58416378

2-22 续表 continued

行业类别 Industry Field	净利润 (千元) Net Profit (1000 yuan)	上缴税费 (千元) Taxes Submitted (1000 yuan)	出口创汇 (千美元) Export (1000 USD)	年末资产 (千元) Year End Assets (1000 yuan)	年末负债 (千元) Year End Liabilities (1000 yuan)
合 计 Total	**282387434**	**148798676**	**15020802**	**4148937901**	**2096221833**
信息服务 Information Service	203029366	104015732	6634527	2457961294	1117860189
电子商务服务 E-commerce Service	1789048	1270769	508	80509379	67170438
检验检测服务 Inspection and Testing Service	4161931	1653776	3372	29039140	10482786
专业技术服务业的高技术服务 Hi-tech Service in Professional Technology Service	42393555	24919741	5497811	778024273	468328061
研发与设计服务 R & D and Design Service	14985997	7038039	2111792	378560151	214006848
科技成果转化服务 Technology Results Transfer Service	9187428	6340455	738907	281222319	139725134
知识产权及相关法律服务 IPR and Related Legal Service	72487	40471	2545	3675070	1776169
环境监测及治理服务 Environmental Monitoring and Control	6767623	3519693	31339	139946275	76872206

第三部分

科技企业孵化器

The Third Part

Technology Business Incubators (TBIs)

3-1 全国科技企业孵化器主要经济指标
Main Economic Indicators of TBIs

年 份 Year	孵化器数量 (个) Number of TBIs (unit)	场地面积 (万平方米) Space Area (10000 sq.m)	在孵企业 (个) Number of Tenants (unit)	在孵企业总收入 (亿元) Total Income of Incubatees (100 million yuan)	在孵企业从业人员数 (万人) Number of Employees of Incubatees (10000 person)	累计毕业企业 (个) Accumulated Number of Graduated Tenants (unit)
1995	73	40.2	1854	24.2	2.6	364
1996	80	56.6	2476	36.3	3.8	648
1997	80	77.5	2670	40.8	4.6	825
1998	77	88.4	4138	60.7	6.9	1316
1999	110	188.8	5293	95.8	9.2	1934
2000	164	339.5	8653	207.0	14.4	2790
2001	324	634.7	14270	422.4	28.4	4281
2002	378	632.6	20993	230.5	36.3	6207
2003	431	1358.9	27285	759.3	48.3	8981
2004	464	1515.1	33213	1121.7	55.2	11718
2005	534	1969.9	39491	1625.4	71.7	15815
2006	548	2008.0	41434	1926.7	79.3	19896
2007	614	2269.8	44750	2621.9	93.3	23394
2008	670	2315.5	44346	1866.2	92.8	31764
2009	772	2901.3	50511	2000.8	101.2	32301
2010	896	3043.9	56382	3329.5	117.8	36485
2011	1034	3472.1	60936	3800.6	125.6	39562
2012	1239	4375.8	70217	4147.1	143.7	45160
2013	1468	5379.3	77677	3308.8	158.3	52146
2014	1755	6877.8	78965	3696.4	141.7	61944
2015	2536★	8680.0	102170	4810.4	166.2	74853

注：2014年上报有效年报数据的孵化器为1748家，其中上报数据的国家级孵化器601家，有7家国家级孵化器未上报数据。2015年上报有效年报数据的孵化器为2533家，其中上报数据的国家级孵化器733家，有3家国家级孵化器未上报数据。

3-2 各地区科技企业孵化器基本情况
General Statistics of TBIs by Region

地　区	Region	统计孵化器数　量（个）Number of TBIs with Data (unit)	孵化器总收入（千元）Total Income of TBIs (1000 yuan)	管理机构从业人员数（人）Number of Management Personnel (person)	孵化基金总　额（千元）Total Incubator Fund (1000 yuan)	创业导师人　数（人）Number of Innovation Mentors (person)	对公共技术服务平台投资额（千元）Investment into the Public Service Platform (1000 yuan)
合　计	**Total**	**2533**	**31685217**	**42121**	**36565207**	**21314**	**11764283**
东部地区	Eastern Region	1646	23570823	26944	26230927	13731	8413923
中部地区	Middle Region	323	2934540	5402	5261590	2717	822841
西部地区	Westren Region	328	2993817	5995	2838428	3460	1673437
东北地区	Northeast Region	236	2186037	3780	2234263	1406	854081
北　京	Beijing	111	2790637	2394	3838393	1701	313696
天　津	Tianjin	131	697742	1764	422895	1398	129737
河　北	Hebei	54	604390	1050	688111	338	116061
山　西	Shanxi	17	254695	364	84560	171	23045
内蒙古	Inner Mongolia	27	117787	421	206510	285	176849
辽　宁	Liaoning	79	773177	1359	389094	607	302577
吉　林	Jilin	36	965193	746	198479	331	494613
黑龙江	Heilongjiang	121	447667	1675	1646690	468	56891
上　海	Shanghai	143	1524860	1928	2545189	923	3294407
江　苏	Jiangsu	505	9111221	8841	6791227	2875	2365758
浙　江	Zhejiang	109	1066873	1549	1648604	1096	273282
安　徽	Anhui	97	1245473	1270	734289	647	142107
福　建	Fujian	113	1289574	1625	897128	707	380750
江　西	Jiangxi	22	106879	443	279300	299	165467
山　东	Shandong	150	2155094	2439	2958872	1705	670738
河　南	Henan	101	580958	1619	854063	396	101974
湖　北	Hubei	55	387285	998	2674385	890	135418
湖　南	Hunan	31	359249	708	634993	314	254830
广　东	Guangdong	326	4325551	5221	6184908	2923	855625
广　西	Guangxi	42	118096	548	134195	219	77701
海　南	Hainan	4	4882	133	255600	65	13870
重　庆	Chongqing	33	182209	517	223801	512	102655
四　川	Sichuan	90	561721	1610	648477	963	289550
贵　州	Guizhou	22	722767	758	298417	117	24641
云　南	Yunnan	14	144212	289	30400	319	30529
西　藏	Tibet	1		8	10000		
陕　西	Shaanxi	38	526866	781	756994	485	783436
甘　肃	Gansu	34	527855	571	440284	180	145140
青　海	Qinghai	4	41458	128	36700	177	9750
宁　夏	Ningxia	12	15956	159	9300	51	3061
新　疆	Xinjiang	9	31796	178	31150	133	28745
新疆兵团	Xinjiang Corps	2	3093	27	12200	19	1380

3-3 各地区科技企业孵化器孵化企业情况
Tenants Statistics of TBIs by Region

地区	Region	在孵企业数 (个) Number of Tenants (unit)	高新技术企业 (个) Hi-tech Companies (unit)	当年新增在孵企业 (个) New Incubatees (unit)	累计毕业企业 (个) Accumulated Number of Graduated Tenants (unit)	当年毕业企业 (个) Number of Graduated Tenants ofthe Year (unit)	收入达5千万元企业数 (个) Number of Tenants with Income More than 50 million yuan (unit)
合　　计	**Total**	**102170**	**6527**	**31886**	**74853**	**11594**	**1750**
东部地区	Eastern Region	64824	4134	19471	45887	7315	1042
中部地区	Middle Region	15489	767	4929	12580	1866	324
西部地区	Westren Region	14139	1099	5090	9911	1429	261
东北地区	Northeast Region	7718	527	2396	6475	984	123
北　　京	Beijing	4026	915	1228	7049	1078	58
天　　津	Tianjin	5632	179	1232	2154	442	40
河　　北	Hebei	1873	134	450	1708	247	51
山　　西	Shanxi	929	90	372	582	168	5
内 蒙 古	Inner Mongolia	1015	36	360	554	99	6
辽　　宁	Liaoning	3008	223	805	3594	616	68
吉　　林	Jilin	1614	121	289	972	155	29
黑 龙 江	Heilongjiang	3096	183	1302	1909	213	26
上　　海	Shanghai	5605	218	1779	2471	387	57
江　　苏	Jiangsu	21697	1025	5198	11823	1985	330
浙　　江	Zhejiang	6292	264	1956	5065	728	100
安　　徽	Anhui	3055	186	819	2109	345	59
福　　建	Fujian	2338	253	895	2057	274	94
江　　西	Jiangxi	1299	63	339	886	135	26
山　　东	Shandong	7545	428	2890	5545	861	149
河　　南	Henan	5118	103	1870	3804	636	122
湖　　北	Hubei	3257	170	1105	3452	382	70
湖　　南	Hunan	1831	155	424	1747	200	42
广　　东	Guangdong	9596	691	3738	7925	1283	163
广　　西	Guangxi	1234	88	552	1222	126	15
海　　南	Hainan	220	27	105	90	30	
重　　庆	Chongqing	1491	39	538	1388	209	16
四　　川	Sichuan	4544	422	1841	2715	388	75
贵　　州	Guizhou	816	49	341	284	76	33
云　　南	Yunnan	1197	81	369	879	170	10
西　　藏	Tibet	20	4	1	37		2
陕　　西	Shaanxi	2135	287	537	1963	223	78
甘　　肃	Gansu	588	36	250	412	74	15
青　　海	Qinghai	266	15	55	73	5	3
宁　　夏	Ningxia	196	20	58	128	19	5
新　　疆	Xinjiang	539	19	163	213	19	3
新疆兵团	Xinjiang Corps	98	3	25	43	21	

3-4 各地区全国科技企业孵化器孵化场地情况

Space Stastistics of TBIs by Region

单位：平方米 (sq.m)

地区	Region	总面积 Total Space Area	办公用房 Space for Office	企业用房 Space for Tenants	服务用房 Space for Service	其他 Others
合计	**Total**	**86797480**	**7678512**	**55922304**	**9938742**	**11230855**
东部地区	Eastern Region	51923061	5047006	32081253	6234333	7943665
中部地区	Middle Region	13507634	714947	9491793	1443893	1176971
西部地区	Westren Region	14478575	1404191	9793440	1567269	1603466
东北地区	Northeast Region	6888210	512368	4555818	693247	506753
北京	Beijing	2309601	209062	1714404	288273	129691
天津	Tianjin	3381763	277194	1576248	283461	1267560
河北	Hebei	1933707	260806	1169650	188435	95841
山西	Shanxi	598682	21237	488758	56692	36674
内蒙古	Inner Mongolia	1036479	83865	488074	99277	386689
辽宁	Liaoning	3053344	105320	2164764	258447	203955
吉林	Jilin	1287338	126059	966503	149288	39716
黑龙江	Heilongjiang	2547528	280990	1424551	285512	263082
上海	Shanghai	1892824	344472	1345923	201059	115279
江苏	Jiangsu	20923732	2258758	13562894	2187067	2622560
浙江	Zhejiang	4201551	460219	2770730	483547	289510
安徽	Anhui	2780557	248579	1596567	284683	188897
福建	Fujian	1871053	152551	1276043	272687	175424
江西	Jiangxi	777946	104368	619393	55793	44072
山东	Shandong	5903908	405087	3926244	815855	558003
河南	Henan	5783137	94142	4325486	598022	525649
湖北	Hubei	1911040	104279	1319769	224972	196815
湖南	Hunan	1656272	142343	1141819	223732	184864
广东	Guangdong	9431923	640623	4690949	1504749	2689796
广西	Guangxi	1206320	250584	918180	167341	61809
海南	Hainan	73000	38233	48167	9200	
重庆	Chongqing	600765	59783	406238	67680	58054
四川	Sichuan	2703809	238582	1907971	361578	314840
贵州	Guizhou	3952310	303749	2821286	397539	425736
云南	Yunnan	537104	16857	440142	49876	18495
西藏	Tibet	2395	200	1600	595	
陕西	Shaanxi	1421439	88753	1068870	195975	97064
甘肃	Gansu	1478140	285462	1001084	135667	143862
青海	Qinghai	346877	13672	299199	18060	15945
宁夏	Ningxia	775726	40452	160023	30955	9492
新疆	Xinjiang	356803	17951	234450	39952	64450
新疆兵团	Xinjiang Corps	60408	4280	46324	2774	7030
大连	Dalian	1053307	43014	868957	101483	49464
宁波	Ningbo	537049	59069	398560	81944	30446
厦门	Xiamen	422709	21430	345443	46191	15112
青岛	Qingdao	1358919	61476	1022147	122313	136816
深圳	Shenzhen	974332	122344	793110	120175	34117

3-5 各地区全国科技企业孵化器当年在孵企业情况
Annual Statistics of Incubatees of TBIs by Region

地　区	Region	在孵企业从业人员数（人）Number of Employees of Incubatees (person)	在孵企业总收入（千元）Total Income of Incubatees (1000 yuan)	当年获得投融资企业数（个）Number of Incubateess Obtained Investment and Finance (unit)	当年获风险投资额（千元）Amount of Venture Capital for Incubatees (1000 yuan)	当年获得孵化基金在孵企业数（个）Number of Incubatees received incubator fund (unit)
合　计	**Total**	**1662492**	**481037446**	**6038**	**25863597**	**9455**
东部地区	Eastern Region	996024	324773370	4223	20864674	5757
中部地区	Middle Region	296146	55130790	858	2267352	1688
西部地区	Westren Region	244689	73832701	637	1894216	1438
东北地区	Northeast Region	125633	27300584	320	837355	572
北　京	Beijing	62933	24767629	484	4745259	634
天　津	Tianjin	70845	10623837	176	192906	262
河　北	Hebei	35948	8269600	76	189593	168
山　西	Shanxi	15458	3612459	22	46346	187
内蒙古	Inner Mongolia	15550	8897135	22	139351	22
辽　宁	Liaoning	54213	9505411	134	357411	219
吉　林	Jilin	33422	9200612	98	150718	165
黑龙江	Heilongjiang	37998	8594562	88	329226	188
上　海	Shanghai	71917	36083968	637	4374915	414
江　苏	Jiangsu	361079	112609594	1159	4220626	1686
浙　江	Zhejiang	83066	22628002	346	1594138	706
安　徽	Anhui	45531	9486623	169	333732	321
福　建	Fujian	39072	7815871	273	1168363	254
江　西	Jiangxi	26295	6663335	78	758110	181
山　东	Shandong	111795	60294309	417	836243	672
河　南	Henan	120456	19928057	303	526890	680
湖　北	Hubei	49215	9262301	195	379518	167
湖　南	Hunan	39191	6178015	91	222756	152
广　东	Guangdong	156055	41102388	644	3493430	949
广　西	Guangxi	21911	2889672	40	66103	95
海　南	Hainan	3314	578172	11	49200	12
重　庆	Chongqing	24277	3423690	64	122559	129
四　川	Sichuan	70906	17718690	254	930595	521
贵　州	Guizhou	19121	3109402	21	73646	42
云　南	Yunnan	14367	5333703	40	19632	115
西　藏	Tibet	1011	2177986			23
陕　西	Shaanxi	52645	9970206	134	477283	221
甘　肃	Gansu	8825	1565347	17	41180	141
青　海	Qinghai	5997	1545566	27	4980	27
宁　夏	Ningxia	3284	1202448	14	1727	42
新　疆	Xinjiang	5806	15813108	4	17160	57
新疆兵团	Xinjiang Corps	989	185745			3

3-6 各地区国家级科技企业孵化器基本情况
General Statistics of State Level TBIs by Region

地　区	Region	统计孵化器数　量（个）Number of TBIs with Data (unit)	孵化器总收入（千元）Total Income of TBIs (1000 yuan)	管理机构从业人员数（人）Total Number of Management Personnel (person)	孵化基金总　额（千元）Total Incubator Fund (1000 yuan)	创业导师人　数（人）Number of Innovation Mentors (person)	对公共技术服务平台投资额（千元）Investment into the Public Service Platform (1000 yuan)
合　计	**Total**	**733★**	**12170126**	**14617**	**18753107**	**10063**	**4341917**
东部地区	Eastern Region	453	7982497	8539	13443861	6116	2247349
中部地区	Middle Region	113	1120922	2212	2888065	1475	445507
西部地区	Westren Region	108	1783110	2430	1824634	1764	1029756
东北地区	Northeast Region	59	1283597	1436	596547	708	619306
北　京	Beijing	42	1934335	1200	2084601	842	211456
天　津	Tianjin	36	265936	545	164117	584	41450
河　北	Hebei	15	106653	361	164616	123	36966
山　西	Shanxi	10	199138	215	61488	87	20942
内蒙古	Inner Mongolia	7	79200	154	149700	149	80309
辽　宁	Liaoning	27	578974	651	253114	243	129497
吉　林	Jilin	19	592838	453	171510	268	479373
黑龙江	Heilongjiang	13	111785	332	171923	197	10435
上　海	Shanghai	35	691667	673	1150554	268	57391
江　苏	Jiangsu	136	2121479	2427	3948073	1461	1096450
浙　江	Zhejiang	52	595823	839	1093054	782	91107
安　徽	Anhui	17	94575	256	121222	230	16498
福　建	Fujian	10	195659	248	230578	115	75804
江　西	Jiangxi	13	61488	243	123600	183	25317
山　东	Shandong	65	1098711	1202	2092872	934	466303
河　南	Henan	24	259380	471	335978	264	54956
湖　北	Hubei	36	312266	656	1650285	529	123066
湖　南	Hunan	13	194075	371	595492	182	204727
广　东	Guangdong	61	969233	1008	2265397	986	168422
广　西	Guangxi	8	91935	156	73780	85	64052
海　南	Hainan	1	3000	36	250000	21	2000
重　庆	Chongqing	12	92193	212	71070	165	40233
四　川	Sichuan	22	260089	387	364077	293	54090
贵　州	Guizhou	3	619913	249	282617	50	13000
云　南	Yunnan	11	139387	248	25900	289	23509
西　藏	Tibet	1		8	10000		
陕　西	Shaanxi	24	394187	592	627850	340	694874
甘　肃	Gansu	5	24860	99	138590	62	18155
青　海	Qinghai	4	41458	128	36700	177	9750
宁　夏	Ningxia	2	8519	28	6000	17	1891
新　疆	Xinjiang	7	28276	142	26150	118	28513
新疆兵团	Xinjiang Corps	2	3093	27	12200	19	1380

注：截至2015年底，全国共有国家级孵化器736家，其中上报数据的国家级孵化器733家，有3家国家级孵化器未上报数据。表中有关数据均为733家上报数据的国家级孵化器汇总数据为733家上报数据的国家级孵化器汇总数据

3-7 各地区国家级科技企业孵化器孵化企业情况
Tenants Statistics of State Level TBIs by Region

地区	Region	在孵企业数 (个) Number of Tenants (unit)	高新技术企业 (个) Hi-tech Companies (unit)	当年新增在孵企业 (个) New Incubatees (unit)	累计毕业企业 (个) Accumulated Number of Graduated Tenants (unit)	当年毕业企业 (个) Number of Graduated Tenants of the Year (unit)	收入达5千万元企业 (个) Number of Tenants with Income More than 50 million yuan (unit)
合计	**Total**	**62764**	**4044**	**16717**	**54554**	**6433**	**1404**
东部地区	Eastern Region	38311	2506	9918	33130	4001	833
中部地区	Middle Region	10306	590	2843	9120	1087	267
西部地区	Westren Region	9607	656	2915	7720	877	204
东北地区	Northeast Region	4540	292	1041	4584	468	100
北京	Beijing	3095	674	878	4704	504	53
天津	Tianjin	2895	118	561	1665	209	25
河北	Hebei	1307	87	300	1216	150	49
山西	Shanxi	688	69	215	432	88	5
内蒙古	Inner Mongolia	659	14	139	461	62	3
辽宁	Liaoning	2050	128	468	2416	265	63
吉林	Jilin	1399	121	256	836	119	28
黑龙江	Heilongjiang	1091	43	317	1332	84	9
上海	Shanghai	2639	108	671	1816	241	41
江苏	Jiangsu	11903	507	2665	8385	1185	229
浙江	Zhejiang	4860	186	1429	4254	479	87
安徽	Anhui	1520	121	405	1440	195	49
福建	Fujian	1075	170	287	1471	117	89
江西	Jiangxi	1008	60	254	716	96	22
山东	Shandong	5555	264	1639	4882	602	143
河南	Henan	2873	77	803	2119	299	85
湖北	Hubei	2849	143	894	3023	271	69
湖南	Hunan	1368	120	272	1390	138	37
广东	Guangdong	4885	385	1463	4709	514	117
广西	Guangxi	757	54	269	857	89	15
海南	Hainan	97	7	25	28		
重庆	Chongqing	959	25	322	987	121	15
四川	Sichuan	2372	158	839	1973	167	48
贵州	Guizhou	396	22	149	190	34	18
云南	Yunnan	1125	79	344	783	156	9
西藏	Tibet	20	4	1	37		2
陕西	Shaanxi	1884	234	448	1850	180	73
甘肃	Gansu	440	20	181	184	15	10
青海	Qinghai	266	15	55	73	5	3
宁夏	Ningxia	141	12	29	85	10	5
新疆	Xinjiang	490	16	114	197	17	3
新疆兵团	Xinjiang Corps	98	3	25	43	21	

3-8 各地区国家级科技企业孵化器孵化场地情况
Space Stastistics of State Level TBIs by Region

单位：平方米 (sq.m)

地　区	Region	总面积 Total Space Area	办公用房 Space for Office	企业用房 Space for Tenants	服务用房 Space for Service	其他 Others
合　计	**Total**	**34347921**	**1808381**	**25634746**	**4560205**	**2537623**
东部地区	Eastern Region	20891169	1205857	15065602	2806775	1876533
中部地区	Middle Region	5972620	251391	4679037	754224	247717
西部地区	Westren Region	5401768	221442	4274976	731237	316858
东北地区	Northeast Region	2082365	129691	1615131	267968	96515
北　京	Beijing	1361216	71370	1053594	173089	62008
天　津	Tianjin	852418	26955	678807	126525	42631
河　北	Hebei	713238	16463	604301	58808	33166
山　西	Shanxi	455816	9215	370162	36017	33266
内蒙古	Inner Mongolia	462176	38176	368082	47670	9248
辽　宁	Liaoning	912654	40714	689757	123947	53850
吉　林	Jilin	857903	80328	696360	93547	18995
黑龙江	Heilongjiang	311808	8650	229015	50473	23670
上　海	Shanghai	783702	119062	623996	103992	31071
江　苏	Jiangsu	7644472	635215	5378699	913382	696253
浙　江	Zhejiang	2303483	110513	1743176	252227	174436
安　徽	Anhui	507123	20621	394196	80616	22189
福　建	Fujian	601202	10527	500586	70432	17681
江　西	Jiangxi	413878	78832	338964	29190	8572
山　东	Shandong	3672849	96328	2707949	577670	278768
河　南	Henan	2239917	33786	1803731	318348	64029
湖　北	Hubei	1418140	83034	1002795	166220	95040
湖　南	Hunan	937746	25904	769188	123833	24621
广　东	Guangdong	2941590	119223	1761494	526850	540519
广　西	Guangxi	477856	45102	398148	59062	16943
海　南	Hainan	17000	200	13000	3800	
重　庆	Chongqing	283852	23465	209525	44434	15077
四　川	Sichuan	961179	27634	754253	176001	115770
贵　州	Guizhou	691860	2430	555337	123484	10609
云　南	Yunnan	486528	15956	401473	46061	11305
西　藏	Tibet	2395	200	1600	595	
陕　西	Shaanxi	1039791	27768	824038	137072	47864
甘　肃	Gansu	281465	3760	177410	35926	58369
青　海	Qinghai	346877	13672	299199	18060	15945
宁　夏	Ningxia	42100	1683	25959	7840	6618
新　疆	Xinjiang	265282	17316	213628	32257	2080
新疆兵团	Xinjiang Corps	60408	4280	46324	2774	7030

3-9 各地区国家级科技企业孵化器当年在孵企业情况
General Statistics of Tenants of State Level TBIs by Region

地　区	Region	在孵企业从业人员数（人）Number of Employees of Incubatees (person)	在孵企业总收入（千元）Total Income of Incubatees (1000 yuan)	当年获得投融资企业数（个）Number of Incubateess Obtained Investment and Finance (unit)	当年获风险投资额（千元）Amount of Venture Capital for Incubatees (1000 yuan)	当年获得孵化基金在孵企业（个）Number of Incubatees received incubator fund (unit)
合　计	**Total**	**1051411**	**248349135.5**	**3996**	**17192793**	**4691**
东部地区	Eastern Region	613269	155651985	2616	13628475	2630
中部地区	Middle Region	187335	33884715	603	1337812	924
西部地区	Westren Region	169925	40833642	513	1679797	840
东北地区	Northeast Region	80882	17978792	264	546709	297
北　京	Beijing	51950	20015879	327	4330594	169
天　津	Tianjin	42075	6618882	121	138891	134
河　北	Hebei	24298	5181098	48	107638	76
山　西	Shanxi	13208	3224137	20	46266	66
内蒙古	Inner Mongolia	11210	7689795	16	98641	14
辽　宁	Liaoning	39097	6754903	113	223930	135
吉　林	Jilin	29326	8523207	98	150718	123
黑龙江	Heilongjiang	12459	2700683	53	172061	39
上　海	Shanghai	37087	14101927	353	2726415	150
江　苏	Jiangsu	191940	46387670	634	2099048	745
浙　江	Zhejiang	67215	15510811	276	976357	609
安　徽	Anhui	18199	2886022	108	150942	136
福　建	Fujian	21728	4235190	150	949645	49
江　西	Jiangxi	19621	3482659	58	213810	118
山　东	Shandong	89324	23066486	361	675342	512
河　南	Henan	60081	10899257	199	385245	365
湖　北	Hubei	44587	8216072	163	337718	134
湖　南	Hunan	31639	5176569	55	203831	105
广　东	Guangdong	85883	20215143	342	1596545	185
广　西	Guangxi	12730	1644010	27	55274	27
海　南	Hainan	1769	318900	4	28000	1
重　庆	Chongqing	18376	2455707	50	110339	67
四　川	Sichuan	39176	7416187	182	826060	261
贵　州	Guizhou	7007	1320726	14	49271	28
云　南	Yunnan	13452	5232561	40	19632	104
西　藏	Tibet	1011	2177986			23
陕　西	Shaanxi	47175	8811610	125	457283	187
甘　肃	Gansu	6051	1086279	14	39430	35
青　海	Qinghai	5997	1545566	27	4980	27
宁　夏	Ningxia	2189	495078	14	1727	11
新　疆	Xinjiang	4562	772392	4	17160	53
新疆兵团	Xinjiang Corps	989	185745			3

3-10 计划单列市科技企业孵化器基本情况
General Statistics of TBIs of the Cities Listed Independently in the State Plan

城 市	City	统计孵化器数 量（个）Number of TBIs with Data (unit)	孵化器总收入（千元）Total Income of TBIs (1000 yuan)	管理机构从业人员数（人）Number of Management Personnel (person)	孵化基金总 额（千元）Total Incubator Fund (1000 yuan)	创业导师人 数（人）Number of Innovation Mentors (person)	对公共技术服务平台投资额（千元）Investment into the Public Service Platform (1000 yuan)
合 计	**Total**	**166**	**2066747**	**2880**	**4364955**	**1633**	**395660**
大 连	Dalian	37	135807	487	161720	239	25607
宁 波	Ningbo	11	76922	157	141338	150	17439
厦 门	Xiamen	8	930039	195	177118	48	23235
青 岛	Qingdao	54	349682	965	1928130	679	176752
深 圳	Shenzhen	56	574298	1076	1956649	517	152627

3-11 计划单列市科技企业孵化器孵化企业情况
Tenants Statistics of TBIs of the Cities Listed Independently in the State Plan

城 市	City	在孵企业数（个）Number of Tenants (unit)	高新技术企业（个）Hi-tech Companies (unit)	当年新增在孵企业（个）New Incubatees (unit)	累计毕业企 业（个）Accumulated Number of Graduated Tenants (unit)	当年毕业企业（个）Number of Graduated Tenants ofthe Year (unit)	收入达5千万元企业数（个）Number of Tenants with Income More than 50 million yuan (unit)
合 计	**Total**	**6523**	**655**	**2228**	**8609**	**1303**	**180**
大 连	Dalian	1304	102	389	1658	329	14
宁 波	Ningbo	932	11	281	1080	103	15
厦 门	Xiamen	730	158	194	1096	116	83
青 岛	Qingdao	2146	138	951	1218	307	31
深 圳	Shenzhen	1411	246	413	3557	448	37

3-12 计划单列市科技企业孵化器孵化场地情况
Space Stastistics of TBIs of the Cities Listed Independently in the State Plan

单位：平方米 (sq.m)

城市	City	总面积 Total Space Area	办公用房 Space for Office	企业用房 Space for Tenants	服务用房 Space for Service	其他 Others
合计	**Total**	**4346315**	**307333**	**3428217**	**472106**	**265955**
大连	Dalian	1053307	43014	868957	101483	49464
宁波	Ningbo	537049	59069	398560	81944	30446
厦门	Xiamen	422709	21430	345443	46191	15112
青岛	Qingdao	1358919	61476	1022147	122313	136816
深圳	Shenzhen	974332	122344	793110	120175	34117

3-13 计划单列市全国科技企业孵化器当年在孵企业情况
Annual Statistics of Incubatees of TBIs of the Cities Listed Independently in the State Plan

城市	City	在孵企业从业人员数（人） Number of Employees of Incubatees (person)	在孵企业总收入（千元） Total Income of Incubatees (1000 yuan)	当年获得投融资企业数（个） Number of Incubateess Obtained Investment and Finance (unit)	当年获风险投资额（千元） Amount of Venture Capital for Incubatees (1000 yuan)	当年获得孵化基金在孵企业数（个） Number of Incubatees received incubator fund (unit)
合计	**Total**	**104830**	**62805741**	**534**	**2332669**	**611**
大连	Dalian	21978	3936286	86	298041	86
宁波	Ningbo	12376	2062972	44	179806	62
厦门	Xiamen	14023	2980334	129	786884	39
青岛	Qingdao	28518	42868103	121	277091	134
深圳	Shenzhen	27935	10958047	154	790847	290

3-14 计划单列市国家级科技企业孵化器基本情况
General Statistics of State Level TBIs of the Cities Listed Independently in the State Plan

城 市	City	统计孵化器数量（个）Number of TBIs with Data (unit)	孵化器总收入（千元）Total Income of TBIs (1000 yuan)	管理机构从业人员数（人）Total Number of Management Personnel (person)	孵化基金总额（千元）Total Incubator Fund (1000 yuan)	创业导师人数（人）Number of Innovation Mentors (person)	对公共技术服务平台投资额（千元）Investment into the Public Service Platform (1000 yuan)
合 计	**Total**	**51**	**771266**	**1004**	**2084269**	**776**	**178945**
大 连	Dalian	10	74077	183	75700	108	17434
宁 波	Ningbo	8	74500	130	141338	139	17439
厦 门	Xiamen	4	154088	139	166118	38	23235
青 岛	Qingdao	15	224981	301	1382840	311	74344
深 圳	Shenzhen	14	243619	251	318273	180	46493

3-15 计划单列市国家级科技企业孵化器孵化企业情况
Tenants Statistics of State Level TBIs of the Cities Listed Independently in the State Plan

城 市	City	在孵企业数（个）Number of Tenants (unit)	高新技术企业（个）Hi-tech Companies (unit)	当年新增在孵企业（个）New Incubatees (unit)	累计毕业企业（个）Accumulated Number of Graduated Tenants (unit)	当年毕业企业（个）Number of Graduated Tenants of the Year (unit)	收入达5千万元企业（个）Number of Tenants with Income More than 50 million yuan (unit)
合 计	**Total**	**4516**	**435**	**1266**	**5424**	**565**	**169**
大 连	Dalian	755	72	217	970	98	13
宁 波	Ningbo	827	8	258	978	95	15
厦 门	Xiamen	602	148	145	854	82	81
青 岛	Qingdao	1201	42	364	909	123	26
深 圳	Shenzhen	1131	165	282	1713	167	34

3-16 计划单列市国家级科技企业孵化器孵化场地情况
Space Stastistics of State Level TBIs of the Cities Listed Independently in the State Plan

单位：平方米 (sq.m)

城 市	City	总面积 Total Space Area	办公用房 Space for Office	企业用房 Space for Tenants	服务用房 Space for Service	其他 Others
合 计	**Total**	**2210840**	**52105**	**1751983**	**248133**	**148469**
大 连	Dalian	315186	6662	225843	48504	33905
宁 波	Ningbo	433211	17241	320815	63529	28926
厦 门	Xiamen	369897	5436	315898	36831	9759
青 岛	Qingdao	601059	11479	477409	47052	53418
深 圳	Shenzhen	491487	11286	412018	52217	22462

3-17 计划单列市国家级科技企业孵化器当年在孵企业情况
General Statistics of Tenants of State Level TBIs of the Cities Listed Independently in the State Plan

城 市	City	在孵企业从业人员数（人） Number of Employees of Incubatees (person)	在孵企业总收入（千元） Total Income of Incubatees (1000 yuan)	当年获得投融资企业数（个） Number of Incubateess Obtained Investment and Finance (unit)	当年获风险投资额（千元） Amount of Venture Capital for Incubatees (1000 yuan)	当年获得孵化基金在孵企业数（个） Number of Incubatees received incubator fund (unit)
合 计	**Total**	**78325**	**21551495**	**439**	**1732708**	**224**
大 连	Dalian	13329	2270382	78	178660	42
宁 波	Ningbo	11093	1892807	38	133245	62
厦 门	Xiamen	13015	2542499	123	783745	39
青 岛	Qingdao	19156	8789913	95	187740	53
深 圳	Shenzhen	21732	6055894	105	449318	28

第四部分

国家大学科技园

The Fourth Part

National University Science Parks

4-1 国家大学科技园主要经济指标

Main Economic Indicators of National University Science Parks

年份 Year	大学科技园（个） Number of University Science Parks (unit)	场地面积（万平方米） Space Area (10000 sq.m)	在孵企业数（个） Number of Tenants (unit)	当年新孵企业（个） New Tenants of the Year (unit)	在孵企业总收入（亿元） Total Income of Tenants (100 million yuan)	在孵企业人数（万人） Number of Employees of Tenants (10000 person)	累计毕业企业（个） Accumulated Number of Graduated Tenants (unit)
2004	42	478.4	4978	1120	226.2	6.5	1137
2005	49	500.5	6075	1213	271.9	11.0	1320
2006	62	517.0	6720	1348	295.0	13.6	1794
2007	62	528.3	6574	1359	295.1	12.9	1958
2008	68	698.2	6173	1294	247.2	12.5	2979
2009	76	814.3	6541	1396	498.9	13.9	3673
2010	86	814.5	6617	1858	221.6	12.8	4363
2011	85	766.7	6923	1673	170.5	13.1	5137
2012	94	919.4	7369	1787	206.7	13.2	5715
2013	94	775.9	8204	2028	262.1	14.7	6515
2014	115	801.7	9972	2828	361.2	16.3	7192
2015	115	745.9	10118	2837	277.2	14.6	8219

4-2 各地区国家大学科技园基本情况
General Statistics of National University Science Parks by Region

地 区	Region	入统大学科技园数量（个）Number of University Science Parks (unit)	管理机构从业人员总数（人）Total Number of Administration Employees (person)	孵化基金总额（千元）Total Value of Incubation Fund (1000 yuan)	年末固定资产净值（千元）Year End Net Value of Fixed Asset (1000 yuan)	场地面积（平方米）Space Area (sq.m)
合 计	**Total**	**115**	**2732**	**1196360**	**4721472**	**7487203**
东部地区	Eastern Region	65	1580	747473	2859271	4652565
中部地区	Middle Region	12	355	224200	1236291	1737422
西部地区	Westren Region	24	462	98496	339510	636349
东北地区	Northeast Region	14	335	126192	286400	460866
北 京	Beijing	15	476	173916	308898	1101169
天 津	Tianjin	1	9	10000	180	162800
河 北	Hebei	3	76	16000	92653	184748
山 西	Shanxi	1	22	5000	401	17923
内蒙古	Inner Mongolia	1	8		24	20048
辽 宁	Liaoning	6	123	29200	31995	209779
吉 林	Jilin	3	37	32957	7679	66800
黑龙江	Heilongjiang	5	175	64035	246726	184287
上 海	Shanghai	13	418	188561	251558	884376
江 苏	Jiangsu	15	276	178550	743153	1486564
浙 江	Zhejiang	6	95	76000	766057	213800
安 徽	Anhui	1	63	29579	117332	148079
福 建	Fujian	2	26	10000	667	32371
江 西	Jiangxi	3	51	20000	86837	295860
山 东	Shandong	5	105	37066	676044	433375
河 南	Henan	2	68	35150	187660	600000
湖 北	Hubei	3	100	119000	809513	552930
湖 南	Hunan	2	51	15471	34548	122630
广 东	Guangdong	3	49	48381	18267	100103
广 西	Guangxi	1	12	6000	1	21556
海 南	Hainan	2	50	9000	1794	53260
重 庆	Chongqing	2	29	4000	6268	38115
四 川	Sichuan	5	111	53379	138333	199427
贵 州	Guizhou	2	23	67	420	37573
云 南	Yunnan	2	65		7512	49000
西 藏	Tibet					
陕 西	Shaanxi	4	95	22000	82313	111134
甘 肃	Gansu	3	65	3200	9410	65439
青 海	Qinghai	1	15		167	10080
宁 夏	Ningxia	1	8	5000	4556	40520
新 疆	Xinjiang	1	21		28426	15049
新疆兵团	Xinjiang Corps	1	10	4850	62080	28408

4-3　各地区国家大学科技园人员情况

Personnel Distribution of National University Science Parks by Region

单位：人　　(person)

地　区	Region	管理机构从业人员总数 Total Number of Administration Employees	博士 Doctor	硕士 Master	研究生学历 Post-graduate	本科 Under-graduate	大专 Junior College	留学回国人员 Returned Overseas Scholars
合　计	**Total**	**2732**	**182**	**667**	**762**	**1516**	**304**	**85**
东部地区	Eastern Region	1580	100	380	439	878	187	49
中部地区	Middle Region	355	15	82	73	208	51	14
西部地区	Westren Region	462	35	113	132	246	42	14
东北地区	Northeast Region	335	32	92	118	184	24	8
北　京	Beijing	476	41	124	151	230	78	19
天　津	Tianjin	9			1	6	2	
河　北	Hebei	76	5	15	17	53	4	2
山　西	Shanxi	22	3	12	10	10	2	
内蒙古	Inner Mongolia	8		1	2	6		
辽　宁	Liaoning	123	9	29	37	67	15	3
吉　林	Jilin	37	8	12	15	17		
黑龙江	Heilongjiang	175	15	51	66	100	9	5
上　海	Shanghai	418	18	74	83	254	63	12
江　苏	Jiangsu	276	19	101	112	131	12	12
浙　江	Zhejiang	95	1	17	18	69	6	1
安　徽	Anhui	63	1	17	18	35	10	3
福　建	Fujian	26	2	4	4	21		1
江　西	Jiangxi	51	3	12	13	33	3	
山　东	Shandong	105	7	20	25	61	6	1
河　南	Henan	68	1	9	1	40	18	5
湖　北	Hubei	100	6	20	23	53	16	3
湖　南	Hunan	51	1	12	8	37	2	3
广　东	Guangdong	49	3	16	19	24	4	1
广　西	Guangxi	12		2	6	6		
海　南	Hainan	50	4	9	9	29	12	
重　庆	Chongqing	29	1	6	7	14	8	
四　川	Sichuan	111	9	34	30	55	9	5
贵　州	Guizhou	23	7	11	18	3	2	
云　南	Yunnan	65	2	12	14	47	4	2
西　藏	Tibet							
陕　西	Shaanxi	95	6	18	18	56	6	2
甘　肃	Gansu	65	5	9	17	30	9	5
青　海	Qinghai	15	2		2	11	1	
宁　夏	Ningxia	8		7	2	6		
新　疆	Xinjiang	21	2	8	10	8	3	
新疆兵团	Xinjiang Corps	10	1	5	6	4		

4-4 各地区国家大学科技园孵化场地情况
Incubation Space of National University Science Parks by Region

单位：平方米　　(sq.m)

地　区	Region	总面积 Total Space Area	办公用房 Space Area for Office	孵化用房 Space Area of Incubation	研发用房 Space Area of R&D	生产用房 Space Area of Manufacurting	其它 Others
合　计	**Total**	**7487203**	**463217**	**3918449**	**1025606**	**1041025**	**1038905**
东部地区	Eastern Region	4652565	233095	2785957	618813	289341	725360
中部地区	Middle Region	1737422	152734	510682	279448	594814	199745
西部地区	Westren Region	636349	36071	366959	88750	95439	49129
东北地区	Northeast Region	460866	41316	254851	38595	61432	64672
北　京	Beijing	1101169	13489	450842	297583	49263	289992
天　津	Tianjin	162800	25300	72800	43000	16000	5700
河　北	Hebei	184748	17500	126361	15762	17437	7688
山　西	Shanxi	17923	300	11300	2000	2000	2323
内蒙古	Inner Mongolia	20048	4010	12631	1002	1002	1403
辽　宁	Liaoning	209779	35316	86958	13957	34877	38671
吉　林	Jilin	66800	2000	38400	6400	16360	3640
黑龙江	Heilongjiang	184287	4000	129493	18238	10195	22361
上　海	Shanghai	884376	79787	384507	62042	104963	253077
江　苏	Jiangsu	1486564	66661	1135391	138323	67334	78855
浙　江	Zhejiang	213800	9110	136309	7163	994	60224
安　徽	Anhui	148079	20739	26498	38567	52296	9980
福　建	Fujian	32371	1039	21905	8235		1192
江　西	Jiangxi	295860	2343	92497	34910	112000	54110
山　东	Shandong	433375	9760	343297	35074	26350	18894
河　南	Henan	600000	3090	197449	144683	172261	82517
湖　北	Hubei	552930	123035	131199	52264	224999	21434
湖　南	Hunan	122630	3228	51739	7024	31258	29381
广　东	Guangdong	100103	2149	78045	6771	7000	6138
广　西	Guangxi	21556	720	14982	1180	793	3881
海　南	Hainan	53260	8300	36500	4860		3600
重　庆	Chongqing	38115	2579	27223	3621	1938	2754
四　川	Sichuan	199427	5906	104609	37890	37323	13699
贵　州	Guizhou	37573	7351	20400	4618	5204	
云　南	Yunnan	49000	1652	34114	5960	5000	2274
西　藏	Tibet						
陕　西	Shaanxi	111134	8400	61250	6784	11600	23100
甘　肃	Gansu	65439	2229	33059	9815	18518	1818
青　海	Qinghai	10080	800	7920	1360		
宁　夏	Ningxia	40520	300	19140	10220	10860	
新　疆	Xinjiang	15049	1741	13308			
新疆兵团	Xinjiang Corps	28408	384	18324	6300	3200	200

4-5 各地区国家大学科技园在孵企业情况
Incubation Statistics of National of University Science Parks by Region

地 区	Region	在孵企业（个）Number of Tenants (unit)	当年新孵（个）New Tenants of the Year (unit)	从业人员数（人）Number of Employees (person)	总收入（千元）Total Income (1000 yuan)	工业总产值（千元）Gross Industrial Output Value (1000 yuan)	净利润（千元）Net Profit (1000 yuan)	上缴税金（千元）Taxes Submmitted (1000 yuan)
合 计	**Total**	**10118**	**2837**	**145603**	**27716297**	**11891647**	**1552178**	**2486426**
东部地区	Eastern Region	6188	1683	83678	19616562	6206656	920779	1929489
中部地区	Middle Region	1291	372	30801	3339891	2711814	325992	213463
西部地区	Westren Region	1807	601	18209	2415361	1626921	48896	190974
东北地区	Northeast Region	832	181	12915	2344484	1346257	256510	152501
北 京	Beijing	1198	325	15876	4867580	444283	331373	1214810
天 津	Tianjin	27	7	508	25336	5122	-721	321
河 北	Hebei	252	44	5122	882466	215334	76007	50664
山 西	Shanxi	79	2	790	35475	222	-2174	1608
内蒙古	Inner Mongolia	82	44	974	60396	67514	17786	4432
辽 宁	Liaoning	321	52	4850	808070	755262	88431	34978
吉 林	Jilin	157	14	3875	386268	372677	69027	44612
黑龙江	Heilongjiang	354	115	4190	1150146	218318	99052	72911
上 海	Shanghai	1410	529	11538	1688176	615823	-134522	71132
江 苏	Jiangsu	1878	276	28264	8363316	3369975	427184	407686
浙 江	Zhejiang	521	194	6130	737260	176622	-42775	19662
安 徽	Anhui	160	64	1580	236160	130846	18342	9263
福 建	Fujian	113	18	1083	91879	55188	-1628	9146
江 西	Jiangxi	231	53	5433	460255	333053	58986	33553
山 东	Shandong	390	57	9442	1829958	1152446	321741	120980
河 南	Henan	270	83	7209	813330	727650	86830	52153
湖 北	Hubei	338	100	13192	944849	752649	91168	90768
湖 南	Hunan	213	70	2597	849822	767394	72840	26118
广 东	Guangdong	248	89	4423	1031719	36238	-68592	30626
广 西	Guangxi	86	25	878	65805	22453	11483	2000
海 南	Hainan	151	144	1292	98872	135625	12714	4462
重 庆	Chongqing	210	90	1528	149017	56242	26377	16539
四 川	Sichuan	429	178	4629	661076	514613	24777	103362
贵 州	Guizhou	135	19	1256	73745	42032	5364	1617
云 南	Yunnan	177	58	3157	594293	378934	-171612	30058
西 藏	Tibet							
陕 西	Shaanxi	206	28	1399	182559	163733	27607	6554
甘 肃	Gansu	182	31	2272	340648	253414	37892	16532
青 海	Qinghai	30	13	178	11650	4540	468	166
宁 夏	Ningxia	50	31	950	60584	50568	56108	3003
新 疆	Xinjiang	188	74	585	132462	22641	6368	3157
新疆兵团	Xinjiang Corps	32	10	403	83125	50236	6278	3553

4-6 各地区国家大学科技园毕业企业情况

General Statistics of Graduated Tenants of National University Science Parks by Region

地　区	Region	累计毕业企业 (个) Accmulated Number of Graduated Enterprises (unit)	从业人员数 (人) Number of Employees (person)	总收入 (千元) Total Income (1000 yuan)	工业总产值 (千元) Gross Industrial Output Value (1000 yuan)
合　计	**Total**	**8219**	**329014**	**137360866**	**103421588**
东部地区	Eastern Region	5562	184024	85437004	61408392
中部地区	Middle Region	910	45773	16244472	14568093
西部地区	Westren Region	1037	41378	14234404	7373711
东北地区	Northeast Region	710	57839	21444986	20071392
北　京	Beijing	1351	42121	14808439	3548990
天　津	Tianjin	10	120	5532	
河　北	Hebei	261	7259	1854337	1594163
山　西	Shanxi	39	743	56514	42844
内蒙古	Inner Mongolia	25	680	225320	232100
辽　宁	Liaoning	393	46013	19421226	18474391
吉　林	Jilin	86	4053	484947	414693
黑龙江	Heilongjiang	231	7773	1538813	1182308
上　海	Shanghai	1108	36234	13385997	6277503
江　苏	Jiangsu	1408	31174	18607476	17291389
浙　江	Zhejiang	612	20421	19705985	18211887
安　徽	Anhui	145	5072	2672597	2729265
福　建	Fujian	28	338	327599	289082
江　西	Jiangxi	353	21086	4888104	4036576
山　东	Shandong	321	17137	7194693	5305386
河　南	Henan	72	482	940177	968400
湖　北	Hubei	225	12728	6902420	6200656
湖　南	Hunan	76	5662	784660	590352
广　东	Guangdong	463	29220	9546948	8889991
广　西	Guangxi	27	486	201960	118400
海　南	Hainan				
重　庆	Chongqing	174	10855	2729190	1176803
四　川	Sichuan	211	14420	7733749	2911093
贵　州	Guizhou				
云　南	Yunnan	76	3385	1307129	842133
西　藏	Tibet				
陕　西	Shaanxi	292	6114	1191801	1277146
甘　肃	Gansu	139	3255	826870	795906
青　海	Qinghai				
宁　夏	Ningxia	21	1640	11445	18366
新　疆	Xinjiang	62	434	4960	
新疆兵团	Xinjiang Corps	10	109	1980	1764

4-7 计划单列市国家大学科技园基本情况

General Statistics of National University Science Parks of the Cities Listed Independently in the State Plan

城 市	City	入统大学科技园数量（个） Number of University Science Parks (unit)	管理机构从业人员总数（人） Total Number of Administration Employees (person)	孵化基金总额（千元） Total Value of Incubation Fund (1000 yuan)	年末固定资产净值（千元） Year End Net Value of Fixed Asset (1000 yuan)	场地面积（平方米） Space Area (sq.m)
合 计	**Total**	**8**	**123**	**35043**	**91813**	**446760**
大 连	Dalian	2	18	1500	394	61977
宁 波	Ningbo	1	20	6000	9769	60000
厦 门	Xiamen	1	10	5000	658	17158
青 岛	Qingdao	3	55	19162	64185	249625
深 圳	Shenzhen	1	20	3381	16807	58000

4-8 计划单列市国家大学科技园人员情况

Personnel Distribution of National University Science Parks of the Cities Listed Independently in the State Plan

单位：人 (person)

城 市	City	管理机构从业人员总数 Total Number of Administration Employees	博士 Doctor	硕士 Master	研究生学历 Post-graduate	本科 Under-graduate	大专 Junior College	留学回国人员 Returned Overseas Scholars
合 计	**Total**	**123**	**7**	**29**	**32**	**82**	**5**	**3**
大 连	Dalian	18	2	5	6	11	1	1
宁 波	Ningbo	20				20		
厦 门	Xiamen	10	1	2	2	7		1
青 岛	Qingdao	55	3	14	15	33	4	1
深 圳	Shenzhen	20	1	8	9	11		

4-9 计划单列市国家大学科技园孵化场地情况
Incubation Space of National University Science Parks of the Cities Listed Independently in the State Plan

单位：平方米 (sq.m)

城市	City	总面积 Total Space Area	办公用房 Space Area for Office	孵化用房 Space Area of Incubation	研发用房 Space Area of R&D	生产用房 Space Area of Manufacurting	其它 Others
合计	**Total**	**446760**	**37775**	**309822**	**38280**	**27527**	**33356**
大连	Dalian	61977	27200	17000	2000	2177	13600
宁波	Ningbo	60000	3500	49200	1100		6200
厦门	Xiamen	17158	415	10825	4906		1012
青岛	Qingdao	249625	5360	187797	27074	18350	11044
深圳	Shenzhen	58000	1300	45000	3200	7000	1500

4-10 计划单列市国家大学科技园在孵企业情况
Incubation Statistics of National of University Science Parks of the Cities Listed Independently in the State Plan

城市	City	在孵企业（个） Number of Tenants (unit)	当年新孵（个） New Tenants of the Year (unit)	从业人员数（人） Number of Employees (person)	总收入（千元） Total Income (1000 yuan)	工业总产值（千元） Gross Industrial Output Value (1000 yuan)	净利润（千元） Net Profit (1000 yuan)	上缴税金（千元） Taxes Submmitted (1000 yuan)
合计	**Total**	**521**	**122**	**8500**	**1427844**	**481626**	**79289**	**61899**
大连	Dalian	77	15	954	45000	46508	1598	1916
宁波	Ningbo	98	20	1398	120292		-16079	4055
厦门	Xiamen	56	16	561	35598	12948	-5123	7017
青岛	Qingdao	197	42	3117	554691	419535	129025	30239
深圳	Shenzhen	93	29	2470	672264	2635	-30132	18671

4-11 计划单列市国家大学科技园毕业企业情况

General Statistics of Graduated Tenants of National University Science Parks of the Cities Listed Independently in the State Plan

城 市 City	累计毕业企业（个）Accmulated Number of Graduated Enterprises (unit)	从业人员数（人）Number of Employees (person)	总收入（千元）Total Income (1000 yuan)	工业总产值（千元）Gross Industrial Output Value (1000 yuan)
合 计 Total	**645**	**25857**	**10077117**	**8515500**
大 连 Dalian	151	3287	1608987	1842391
宁 波 Ningbo	102	3318	1234885	472594
厦 门 Xiamen	28	338	327599	289082
青 岛 Qingdao	130	8567	2950572	2243189
深 圳 Shenzhen	234	10347	3955074	3668244

第五部分

火炬计划软件产业基地

The Fifth Part

Torch Program Software Industrial Bases

5-1 软件产业基地主要经济指标

Main Economic Indicators of Software Industrial Bases

年 份 Year	软件产业基地 (个) Number of Software Bases (unit)	基地总人数 (万人) Total Number of Employees (10000 person)	总收入★ (亿元) Total Income (100 million yuan)	利税总额 (亿元) Total Value of Profits and Taxes (100 million yuan)	出口创汇 (亿美元) Export (100 million USD)
2003	24	31	1143.9	132.9	4.8
2004	29	44	1638.0	165.4	13.2
2005	32	65	3375.0	351.2	48.6
2006	33	78	4541.0	432.0	100.0
2007	34	90	5213.4	1,230.5	78.4
2008	35	106	6897.5	884.4	103.5
2009	35	129	7677.1	1,123.5	100.5
2010	35	148.3	9204.8	1432.5	108.5
2011	38	190.9	13661.8	1926.1	222.8
2012	39	226.8	16950.9	2407.1	273.8
2013	41	264.2	20171.7	3046.3	295.9
2014	41	296.0	23792.0	3611.8	334.1
2015	43	331.6	29410.3	4227.6	348.0

注：2014年报表制度进一步完善指标及定义，取消了“总收入”的指标，增加了“营业收入”的指标，从2014年起所列数据改为软件基地营业收入汇总数据。

5-2 软件产业基地场地情况

Space Area of Software Industrial Bases

单位：万平方米 (10000 sq.m)

软件产业基地 Software Industrial Base	规划用地面积 Planned Land Area	现有用地面积 Land Area	现有建筑面积 Building Area	现有孵化面积 Incubation Area
合　计 Total	**20926**	**11597**	**4539**	**1281**
北京软件产业基地 Beijing Software Industrial Base	1143	978	94	8
中关村软件园 Zhongguancun Software Park	263	263	206	13
天津滨海高新区软件园 Tianjin Huayuan Software Park	308	80	74	26
河北软件产业基地(石家庄) Hebei Software Base(Shijiazhuang)	57	4	11	5
山西软件园 Shanxi Software Park	100	25	63	49
内蒙古软件园 Inner Mongolia Software Park	40	3	3	3
大庆软件园 Daqing Software Park	26	26	31	21
东大软件园 Dongda Software Park	94	94	45	22
沈阳软件园 Shenyang Software Park	470	470	80	11
大连软件园 Dalian Software Park	2808	306	164	84
吉林软件园 Jilin Software Park	30	30	30	5
长春软件园 Changchun Software Park	100	85	70	45
上海软件园 Shanghai Software Park	624	230	337	42
江苏软件园 Jiangsu Software Park	642	51	34	21
南京软件园 Nanjing Software Park	358	350	130	11
无锡软件园 Wuxi Software Park	1000	912	306	120
苏州软件园 Suzhou Software Park	787	365	264	90
常州软件园 Changzhou Software Park	135	15	60	15
杭州高新软件园 Hangzhou Hi-tech Software Park	51	51	74	12

5-2 续表 continued

单位：万平方米 (10000 sq.m)

软件产业基地 Software Industrial Base	规划用地面积 Planned Land Area	现有用地面积 Land Area	现有建筑面积 Building Area	现有孵化面积 Incubation Area
合肥软件园 Hefei Software Park	108	37	54	18
福州软件园 Fuzhou Software Park	330	200	115	4
厦门软件园 Xiamen Software Park	105	105	172	10
金庐软件园 Jiangxi Jinlu Software Park	57	11	15	15
齐鲁软件园 Qilu Software Park	1680	1270	305	24
青岛软件园 Qingdao Software Park	378	57	128	24
郑州软件园 Zhenzhou Software Park	17	17	26	16
湖北软件产业基地 Hubei Software Base	180	181	150	1
长沙软件园 Changsha Software Park	1225	1225	334	50
广州软件园 Guangzhou Software Park	1496	922	234	229
深圳软件园 Shenzhen Software Park	233	14	40	24
珠海高新区软件园 Zhuhai Software Park	1350	385	128	42
南宁软件园 Nanning Software Park	7	7	2	1
天府软件园 Tianfu Software Park	1550	820	242	50
重庆软件园 Chongqing Software Park	300	100	70	40
云南软件园 Yunnan Software Park	40	3	10	5
西安软件园 Xi'an Software Park	1393	1393	138	4
兰州软件园 Lanzhou Software Park	4	5	7	7
贵阳火炬软件园 Guiyang Torch Software Park	60	20	28	20
宁波市软件与服务外包产业园 Ningbo Software Park	72	13	15	6
如皋软件园 Rugao Software Park	800	200	135	20
潍坊软件园 Weifang Software Park	100	25	68	30
临沂软件园 Linyi Software Park	100	42	29	21
武进软件园 Wujin Software Park	306	207	20	16

5-3 软件产业基地从业人员情况

Personnel Statistics of Software Industrial Bases

单位：人 (person)

软件产业基地 Software Industrial Base	年末基地总人数 Year End Total Number of Employees of the Base	博士学历 Doctor Degree	硕士学历 Master Degree	本科学历 Bachlor Degree	大专 Junior College Degree
合　计 **Total**	**3316192**	**35807**	**334438**	**1885531**	**737428**
北京软件产业基地 Beijing Software Industrial Base	671691	5335	81777	367989	147788
中关村软件园 Zhongguancun Software Park	54200	3089	9377	36043	4173
天津滨海高新区软件园 Tianjin Huayuan Software Park	55455	336	2079	39477	11736
河北软件产业基地(石家庄) Hebei Software Base(Shijiazhuang)	5530	36	207	1952	2715
山西软件园 Shanxi Software Park	8328	95	590	4450	3193
内蒙古软件园 Inner Mongolia Software Park	5246	58	320	3400	1468
大庆软件园 Daqing Software Park	24994	203	1126	14390	9275
东大软件园 Dongda Software Park	19085	84	2504	13818	2679
沈阳软件园 Shenyang Software Park	16773	38	248	3277	3405
大连软件园 Dalian Software Park	86000	715	4937	72163	7185
吉林软件园 Jilin Software Park	4129	26	190	2363	1305
长春软件园 Changchun Software Park	43255	256	2654	33393	6952
上海软件园 Shanghai Software Park	253564	6036	45612	169504	30618
江苏软件园 Jiangsu Software Park	27000	120	2700	13000	9000
南京软件园 Nanjing Software Park	66000	380	5073	22055	10400
无锡软件园 Wuxi Software Park	157960	881	5928	125655	25496
苏州软件园 Suzhou Software Park	78289	511	2861	38604	19504
常州软件园 Changzhou Software Park	20022	177	910	11325	6189
杭州高新软件园 Hangzhou Hi-tech Software Park	214527	943	18201	93535	40535

5-3 续表 continued

单位：人 (person)

软件产业基地 Software Industrial Base	年末基地总人数 Year End Total Number of Employees of the Base	博士学历 Doctor Degree	硕士学历 Master Degree	本科学历 Bachlor Degree	大专 Junior College Degree
合肥软件园 Hefei Software Park	28110	360	4030	14340	7876
福州软件园 Fuzhou Software Park	50704	90	2493	28235	16025
厦门软件园 Xiamen Software Park	76300	510	3950	48200	23640
金庐软件园 Jiangxi Jinlu Software Park	18510	165	980	7889	7845
齐鲁软件园 Qilu Software Park	121500	898	9785	78072	23478
青岛软件园 Qingdao Software Park	59948	134	3009	17812	14669
郑州软件园 Zhenzhou Software Park	6845	41	242	4512	1966
湖北软件产业基地 Hubei Software Base	143660	2950	21005	100205	17500
长沙软件园 Changsha Software Park	62456	780	5721	33556	15568
广州软件园 Guangzhou Software Park	170150	1001	9694	75311	50680
深圳软件园 Shenzhen Software Park	247925	1064	37139	111784	69609
珠海高新区软件园 Zhuhai Software Park	42215	187	4661	23972	13236
南宁软件园 Nanning Software Park	8500	95	510	5210	946
天府软件园 Tianfu Software Park	124421	1127	6470	79071	37753
重庆软件园 Chongqing Software Park	52888	594	4015	26634	21644
云南软件园 Yunnan Software Park	7752	47	307	4051	3347
西安软件园 Xi'an Software Park	154197	1826	17662	111753	22956
兰州软件园 Lanzhou Software Park	4533	56	175	3176	1126
贵阳火炬软件园 Guiyang Torch Software Park	25852	133	502	9979	8761
宁波市软件与服务外包产业园 Ningbo Software Park	24345	1103	5408	10630	7200
如皋软件园 Rugao Software Park	15000	50	360	6800	7790
潍坊软件园 Weifang Software Park	15226	85	721	2793	3741
临沂软件园 Linyi Software Park	8107	42	605	4303	3156
武进软件园 Wujin Software Park	35000	3150	7700	10850	13300

5-4 软件产业基地软件人员分布情况

Personnel Distribution of Software Industrial Bases

单位：人 (person)

软件产业基地 Software Industrial Base	年末软件从业人数 Number of Employees in Software Companies	有5年以上(含)软件从业经验的人员 The Staff with More than 5 Years Software Experience	有2～5年(含2年)软件从业经验的人员 The Staff with 2-5 Years Software Experience	软件研发人员 R&D Personnel	测试人员 Testing Personnnel	认定的软件企业人数 Number of Employees in Identified Software Companies
合　计 Total	**2721905**	**728117**	**1258397**	**1680654**	**238513**	**1806260**
北京软件产业基地 Beijing Software Industrial Base	671691	123224	316028	604522	7254	671691
中关村软件园 Zhongguancun Software Park	51490	15447	23685	12052	3089	41192
天津滨海高新区软件园 Tianjin Huayuan Software Park	39373	10236	23623	33860	1580	24085
河北软件产业基地(石家庄) Hebei Software Base(Shijiazhuang)	4920	590	1920	3050	240	2990
山西软件园 Shanxi Software Park	4000	1540	1730	2650	560	2800
内蒙古软件园 Inner Mongolia Software Park	3620	1260	1106	1421	613	1074
大庆软件园 Daqing Software Park	21043	6375	8178	13000	3217	13150
东大软件园 Dongda Software Park	14839	7713	6142	12785	2843	13648
沈阳软件园 Shenyang Software Park	15287	4243	8725	5076	2563	5741
大连软件园 Dalian Software Park	80500	14565	59633	41011	13458	40679
吉林软件园 Jilin Software Park	3520	1820	1292	1841	530	510
长春软件园 Changchun Software Park	28153	5668	16842	15220	1435	18156
上海软件园 Shanghai Software Park	189716	73788	47212	79468	11248	105690
江苏软件园 Jiangsu Software Park	26000	4000	7800	5800	5000	5800
南京软件园 Nanjing Software Park	46100	8100	14752	10522	4255	24350
无锡软件园 Wuxi Software Park	139015	43319	79645	29024	13995	59718
苏州软件园 Suzhou Software Park	46034	13934	23704	23399	8183	24262
常州软件园 Changzhou Software Park	12100	3256	6085	4192	3226	7750
杭州高新软件园 Hangzhou Hi-tech Software Park	181525	54458	90763	159586	17568	68815

5-4 续表 continued

单位：人 (person)

软件产业基地 Software Industrial Base	年末软件从业人数 Number of Employees in Software Companies	有5年以上(含)软件从业经验的人员 The Staff with More than 5 Years Software Experience	有2～5年(含2年)软件从业经验的人员 The Staff with 2-5 Years Software Experience	软件研发人员 R&D Personnel	测试人员 Testing Personnnel	认定的软件企业人数 Number of Employees in Identified Software Companies
合肥软件园 Hefei Software Park	17065	4386	9118	7067	3345	15098
福州软件园 Fuzhou Software Park	22971	10812	9200	17236	2715	14534
厦门软件园 Xiamen Software Park	58630	15280	24650	28330	7240	21780
金庐软件园 Jiangxi Jinlu Software Park	8794	2650	2684	3697	1105	7912
齐鲁软件园 Qilu Software Park	95010	34936	43978	48360	5171	35287
青岛软件园 Qingdao Software Park	17961	4211	8450	7670	1306	3806
郑州软件园 Zhenzhou Software Park	5488	620	3461	2373	305	3562
湖北软件产业基地 Hubei Software Base	141760	35100	59310	68630	15577	119036
长沙软件园 Changsha Software Park	55136	28254	25468	25679	3862	39654
广州软件园 Guangzhou Software Park	163688	39709	50013	71773	14775	61730
深圳软件园 Shenzhen Software Park	128551	41800	52411	92638	16167	114418
珠海高新区软件园 Zhuhai Software Park	42215	5764	17234	24312	3876	26525
南宁软件园 Nanning Software Park	7268	1938	5235	6311	1450	5310
天府软件园 Tianfu Software Park	111738	29415	60405	67996	7620	79526
重庆软件园 Chongqing Software Park	23749	7341	11181	9677	1245	11772
云南软件园 Yunnan Software Park	4806	1821	2217	2480	361	3876
西安软件园 Xi'an Software Park	136881	44159	87103	77125	34571	68734
兰州软件园 Lanzhou Software Park	2403	680	1723	1339	390	1497
贵阳火炬软件园 Guiyang Torch Software Park	19245	3576	12350	9237	1482	6328
宁波市软件与服务外包产业园 Ningbo Software Park	21350	5200	10040	6540	2300	9900
如皋软件园 Rugao Software Park	11910	1260	5980	8160	2275	5015
潍坊软件园 Weifang Software Park	11040	3211	2936	6694	2678	3152
临沂软件园 Linyi Software Park	6320	1458	2793	2621	1305	2021
武进软件园 Wujin Software Park	29000	11000	11592	26230	6535	13686

5-5 软件产业基地收入情况
Income of Software Industrial Bases

单位：家、千元 (unit, 1000 yuan)

软件产业基地 Software Industrial Base	企业数 Number of Enterprises	营业收入 Operating Revenue	软件收入 Software Income	软件产品收入 Software Sales Income	新产品销售收入 New Product Sales Income	系统集成收入 System Integration Income	嵌入式系统软件收入 Embeded Software Income	软件技术服务收入 Software Service Income	自主版权软件收入 Own Copyright Software Income
合　计 Total	**44308**	**2941029592**	**2096879511**	**731932800**	**220215827**	**236192890**	**322107365**	**806646456**	**807740748**
北京软件产业基地 Beijing Software Industrial Base	4260	542286500	542286500	217122610			1424820	323739070	
中关村软件园 Zhongguancun Software Park	403	160300000	81753000	17953600		29976100	6732600	27090700	
天津滨海高新区软件园 Tianjin Huayuan Software Park	1062	48635307	29005242	12557546	9352845	3546696	4334850	8566150	17403145
河北软件产业基地(石家庄) Hebei Software Base(Shijiazhuang)	175	3516523	2435487	624023	79654	124521	1628376	58567	1378551
山西软件园 Shanxi Software Park	350	3762300	1460130	823250	303435	249050	182033	205797	265100
内蒙古软件园 Inner Mongolia Software Park	190	3925366	2610182	1320946	222250	562960	103266	623010	753650
大庆软件园 Daqing Software Park	589	11179029	7204270	2145613	902938	1008450	1379214	2670993	5494207
东大软件园 Dongda Software Park	19	7751691	6144027	1799096	1907459	778719	1682353	1883859	1600245
沈阳软件园 Shenyang Software Park	249	16351417	15504670	5492644	2678660	6990679	1684398	1336949	3965080
大连软件园 Dalian Software Park	786	65200000	46000000	14190000	9335700	3563700	2714500	25531800	3350000
吉林软件园 Jilin Software Park	141	3958000	1590080	1142524	250000	85881	217588	144087	1492800
长春软件园 Changchun Software Park	577	12250000	7758000	2436000	887100	1725000	1356000	2241000	4395000
上海软件园 Shanghai Software Park	9580	171575630	115371759	46406442	24889431	25420322	12133454	31411541	53338398
江苏软件园 Jiangsu Software Park	420	29000000	17000000	12653000	900000	1420000	42000	2885000	12550000
南京软件园 Nanjing Software Park	516	72345440	43051350	18666748	9144854	5275286	10050923	9058393	8861655
无锡软件园 Wuxi Software Park	1399	123747000	80900000	7536000	5916549	8748000	38998000	25618000	68100204
苏州软件园 Suzhou Software Park	1100	68450274	36764807	8091220	5748696	627638	27039080	1006869	10321557
常州软件园 Changzhou Software Park	931	30077620	24004789	3776526	830835	648815	18373540	1205908	14548315
杭州高新软件园 Hangzhou Hi-tech Software Park	1500	163451273	163451273	39495992	19877577	30101137	19110858	74743286	161575929

5-5 续表 continued

单位：家、千元 (unit, 1000 yuan)

软件产业基地 Software Industrial Base	企业数 Number of Enterprises	营业收入 Operating Revenue	软件收入 Software Income	软件产品收入 Software Sales Income	新产品销售收入 New Product Sales Income	系统集成收入 System Integration Income	嵌入式系统软件收入 Embeded Software Income	软件技术服务收入 Software Service Income	自主版权软件收入 Own Copyright Software Income
合肥软件园 Hefei Software Park	837	7952036	5820600	3587700	1320777	1297747	422436	512717	203258
福州软件园 Fuzhou Software Park	710	59202747	29292884	10018934	7557089	5467673	3177834	10628443	17338816
厦门软件园 Xiamen Software Park	1856	60483000	58293000	31683000	16500000	9830000	4376000	12404000	37340000
金庐软件园 Jiangxi Jinlu Software Park	450	12400873	8835512	3482834	567056	2302808	1000188	2049682	4203078
齐鲁软件园 Qilu Software Park	1750	151000000	108000000	68907528	22050409	10159507	13573215	15359750	62587535
青岛软件园 Qingdao Software Park	339	185164762	32721805	8512219	1506652	4595404	14253775	5360407	10292136
郑州软件园 Zhenzhou Software Park	94	5360000	2930000	1540000	450000	420000	410000	560000	1750000
湖北软件产业基地 Hubei Software Base	1567	113878627	68955060	39075062	21537531	8730261	14251200	6898537	43576111
长沙软件园 Changsha Software Park	1873	26851347	17563643	7682783	1532276	2186552	6585763	1108545	10054682
广州软件园 Guangzhou Software Park	2116	165773831	131902952	29524044	13829562	14408075	1278342	86692491	40265621
深圳软件园 Shenzhen Software Park	989	253705025	155401957	28330482	11783024	6946313	55091071	65034091	95221804
珠海高新区软件园 Zhuhai Software Park	201	41683785	27335815	7843926	712591	382000	10868664	8241225	16285502
南宁软件园 Nanning Software Park	590	6107566	4658282	2430956	541126	687548	652347	887431	396788
天府软件园 Tianfu Software Park	1176	78432200	55018700	30298400	10408897	4312016	6265422	14142862	24064792
重庆软件园 Chongqing Software Park	404	28739583	24836090	2339992	2118578	42011	20765367	1688720	4984431
云南软件园 Yunnan Software Park	112	3262051	1514421	489968	165217	598135	179460	246858	540652
西安软件园 Xi'an Software Park	1880	164706392	117946853	33715275	11625618	39299992	15695634	29235952	63590812
兰州软件园 Lanzhou Software Park	125	1864204	1677999	756610	183249	706721	35846	178822	483992
贵阳火炬软件园 Guiyang Torch Software Park	758	12706353	4792352	1964864	161119	1006394	535082	1286012	440896
宁波市软件与服务外包产业园 Ningbo Software Park	1100	7429400	5286430	2551480	624850	868400	382800	1483750	197500
如皋软件园 Rugao Software Park	340	4537441	3403081	717963	438673	73064	598182	2013872	1379765
潍坊软件园 Weifang Software Park	185	2800000	1782509	698410	457400	554105	131273	398721	1054870
临沂软件园 Linyi Software Park	170	2725000	1689000	770500	281150	430210	363200	125090	821370
武进软件园 Wujin Software Park	439	6500000	2925000	776090	635000	35000	2026410	87500	1272500

5-6 软件产业基地出口和利税情况

Export Profit and Taxes of Software Industrial Bases

软件产业基地 Software Industrial Base	出口创汇额（千美元） Export (1000 USD)	软件出口创汇额（千美元） Software Export (1000 USD)	净利润（千元） Net Profit (1000 Yuan)	实际上缴税额（千元） Taxes Submitted (1000 Yuan)	减免税总额（千元） Taxes Relief (1000 Yuan)	劳动者报酬（千元） Salary (1000 Yuan)
合　计 Total	**34800044**	**21994959**	**271740987**	**151023508**	**51215863**	**342802122**
北京软件产业基地 Beijing Software Industrial Base	3478413	3162422	56675446	38614348	13236749	127558614
中关村软件园 Zhongguancun Software Park	1534000		14910000			
天津滨海高新区软件园 Tianjin Huayuan Software Park	376234	221096	5556974	2265510	718249	5177725
河北软件产业基地(石家庄) Hebei Software Base(Shijiazhuang)	3830	3185	263739	74002	34000	189456
山西软件园 Shanxi Software Park	4267	2740	24515	220337	36880	328480
内蒙古软件园 Inner Mongolia Software Park			118867	112170	30384	174377
大庆软件园 Daqing Software Park	389782	64101	520158	313788	10515	899784
东大软件园 Dongda Software Park	292860	234260	386357	530500	140153	2693102
沈阳软件园 Shenyang Software Park	181880	73351	1508420	619835		297821
大连软件园 Dalian Software Park	2210000	1539000	9205000	1896850	2606700	5056000
吉林软件园 Jilin Software Park	2570	2570	411022	293500	21200	188600
长春软件园 Changchun Software Park	55000	38670	834500	565200	245700	585300
上海软件园 Shanghai Software Park	2657207	2221612	16739151	30196220	11224595	25938984
江苏软件园 Jiangsu Software Park	100000	100000	1850000	1850000		882500
南京软件园 Nanjing Software Park	188070	50000	2226800	679100	250860	1827900
无锡软件园 Wuxi Software Park	1560000	323606	8725520	5449010	1009021	18170948
苏州软件园 Suzhou Software Park	6608559	1237659	3721913	4275458	211904	5037972
常州软件园 Changzhou Software Park	365165	271500	1550020	1500350	365805	3429954
杭州高新软件园 Hangzhou Hi-tech Software Park	2511095	2511095	26361725	12276285	4265345	24027018

5-6 续表 continued

软件产业基地 Software Industrial Base	出口创汇额（千美元） Export (1000 USD)	软件出口创汇额（千美元） Software Export (1000 USD)	净利润（千元） Net Profit (1000 Yuan)	实际上缴税额（千元） Taxes Submitted (1000 Yuan)	减免税总额（千元） Taxes Relief (1000 Yuan)	劳动者报酬（千元） Salary (1000 Yuan)
合肥软件园 Hefei Software Park	11880	1404	1193217	553322	149261	456578
福州软件园 Fuzhou Software Park	271744	87610	2358139	1951121	460660	5387651
厦门软件园 Xiamen Software Park	316054	251020	8413500	1762620	271830	4850000
金庐软件园 Jiangxi Jinlu Software Park	71881	68152	912294	565843	117386	952492
齐鲁软件园 Qilu Software Park	888000	673000	9220000	5953000	2187065	10316851
青岛软件园 Qingdao Software Park	32175	31384	8287467	1562751	726190	2840740
郑州软件园 Zhenzhou Software Park	4200	1300	747000	245000	99000	365000
湖北软件产业基地 Hubei Software Base	755000	685000	7596788	4695050	1991898	5006000
长沙软件园 Changsha Software Park	145658	101562	1383654	1085911	208685	2078854
广州软件园 Guangzhou Software Park	783165	407037	19541200	9246573	1644802	18693077
深圳软件园 Shenzhen Software Park	4853635	4279332	33907199	6781082	6384541	30004288
珠海高新区软件园 Zhuhai Software Park	1031803	1031803	2174541	1403145	745623	4561552
南宁软件园 Nanning Software Park	37900	10150	311560	456322	14120	645008
天府软件园 Tianfu Software Park	943800	781000	6902500	2069100	836499	11465037
重庆软件园 Chongqing Software Park	157393	87431	1253955	295640		631172
云南软件园 Yunnan Software Park	7964	5802	204266	162928	21649	296326
西安软件园 Xi'an Software Park	739364	739364	11285606	7656591	603548	11235410
兰州软件园 Lanzhou Software Park			163270	101038	10432	227256
贵阳火炬软件园 Guiyang Torch Software Park	6500	3500	663235	925353	62564	3945215
宁波市软件与服务外包产业园 Ningbo Software Park	474500	468300	533200	245000	75975	871200
如皋软件园 Rugao Software Park	28750	10356	880270	246655	105939	1681171
潍坊软件园 Weifang Software Park	69546	50984	260000	150000		426328
临沂软件园 Linyi Software Park	200	100	138000	72000	15400	118590
武进软件园 Wujin Software Park	650000	162500	1820000	1105000	74735	3281790

5-7 软件产业基地科技活动经费筹集情况
Science and Technology Activity Funding of Software Industrial Bases

单位：千元 (1000 yuan)

软件产业基地 Software Industrial Base	科技活动经费筹集总额 Science and Technology Activity Funding	企业资金 Enterprise Funds	金融机构贷款 Loans from Financial Institutions	政府部门资金 Government Funds	地方政府资金 Local Government Funds
合　计 Total	**252836529**	**129329048**	**14528360**	**17677087**	**11253834**
北京软件产业基地 Beijing Software Industrial Base	55704014				
中关村软件园 Zhongguancun Software Park	17500000				
天津滨海高新区软件园 Tianjin Huayuan Software Park	12105560	10229199	968444	907916	726332
河北软件产业基地(石家庄) Hebei Software Base(Shijiazhuang)	92001	92001			
山西软件园 Shanxi Software Park	413140	371568	10223	22188	22000
内蒙古软件园 Inner Mongolia Software Park	247890	195703	38797	13390	9983
大庆软件园 Daqing Software Park	726324	623874	38152	64298	28433
东大软件园 Dongda Software Park	796321	514806		167476	26553
沈阳软件园 Shenyang Software Park	160974	41961	90440	28564	22024
大连软件园 Dalian Software Park	2753030	2285030	143000	325000	325000
吉林软件园 Jilin Software Park	118600	83600		6800	5000
长春软件园 Changchun Software Park	713620	454200	53240	182100	80400
上海软件园 Shanghai Software Park	21280633	10640316	2040408	4256126	2186000
江苏软件园 Jiangsu Software Park	1283520	1250000	18000		
南京软件园 Nanjing Software Park	2156247	1092000	580987	483260	432360
无锡软件园 Wuxi Software Park	14200000	9790000	2600000	1810000	1355000
苏州软件园 Suzhou Software Park	2987971	2436748	215100	206400	93400
常州软件园 Changzhou Software Park	1652095	1396631	190080	65384	52764
杭州高新软件园 Hangzhou Hi-tech Software Park	12871068	10243803	378549	495576	107069

5-7 续表 continued

单位：千元 (1000 yuan)

软件产业基地 Software Industrial Base	科技活动经费筹集总额 Science and Technology Activity Funding	企业资金 Enterprise Funds	金融机构贷款 Loans from Financial Institutions	政府部门资金 Government Funds	地方政府资金 Local Government Funds
合肥软件园 Hefei Software Park	998667	754769	116787	115178	51791
福州软件园 Fuzhou Software Park	2521013	2362270	85073	59365	54360
厦门软件园 Xiamen Software Park	6850000	6430000	327500	92400	75800
金庐软件园 Jiangxi Jinlu Software Park	966391	655757	26100	12499	5922
齐鲁软件园 Qilu Software Park	11937044	7210513	1404625	649758	486470
青岛软件园 Qingdao Software Park	3488434	2490565	161619	112219	11150
郑州软件园 Zhenzhou Software Park	321000	257000	49000	9600	9000
湖北软件产业基地 Hubei Software Base	6032050	3104066	700908	1372663	872600
长沙软件园 Changsha Software Park	2687932	1489037	863965	248987	225721
广州软件园 Guangzhou Software Park	10807590	10467045		340545	340545
深圳软件园 Shenzhen Software Park	30107213	28077290	873416	975476	479708
珠海高新区软件园 Zhuhai Software Park	2904612	1876255	50874	111895	98885
南宁软件园 Nanning Software Park	856720	620000	63892	156000	120000
天府软件园 Tianfu Software Park	4915058	303109	946236	943199	502513
重庆软件园 Chongqing Software Park	2697900	282900	345000	1150000	920000
云南软件园 Yunnan Software Park	212295	174860	7750	25685	19493
西安软件园 Xi'an Software Park	13984625	9312746	876259	1785628	1112856
兰州软件园 Lanzhou Software Park	126328	110818	5350	4640	3760
贵阳火炬软件园 Guiyang Torch Software Park	1062418	356421	82642	321345	312452
宁波市软件与服务外包产业园 Ningbo Software Park	86520	8050	53000	25350	18020
如皋软件园 Rugao Software Park	277794	135953	97750	34500	28750
潍坊软件园 Weifang Software Park	45700	18840	6000	18000	5000
临沂软件园 Linyi Software Park	174130	129130	15000	30000	21000
武进软件园 Wujin Software Park	1012087	960214	4195	47676	5721

5-8 软件产业基地研发支出情况

Expenditure on R&D of Software Industrial Bases

单位：千元 (1000 yuan)

软件产业基地 Software Industrial Base	科技活动经费支出总额 Expenditure on Science and Technology Activity	研究与试验发展经费支出 Expenditure on R&D	软件研发经费支出 Expenditure on Software R&D	新产品开发经费支出 Expenditure on New Product R&D
合　计 **Total**	**239161536**	**130565675**	**91867105**	**55460428**
北京软件产业基地 Beijing Software Industrial Base	55704014			
中关村软件园 Zhongguancun Software Park	17500000			
天津滨海高新区软件园 Tianjin Huayuan Software Park	5347627	5347627	5347627	2673814
河北软件产业基地(石家庄) Hebei Software Base(Shijiazhuang)	169001	106470	60840	50700
山西软件园 Shanxi Software Park	274114	211450	163815	85212
内蒙古软件园 Inner Mongolia Software Park	205677	172510	153940	96720
大庆软件园 Daqing Software Park	587628	470769	391538	230732
东大软件园 Dongda Software Park	770066	691493	634429	366250
沈阳软件园 Shenyang Software Park	151228	103595	77010	50912
大连软件园 Dalian Software Park	2343600	1701340	1202130	720750
吉林软件园 Jilin Software Park	87500	69500	27600	15000
长春软件园 Changchun Software Park	653900	535600	468900	432500
上海软件园 Shanghai Software Park	19252560	17024500	11917150	9533640
江苏软件园 Jiangsu Software Park	1280000	1180000	810000	350000
南京软件园 Nanjing Software Park	2120001	1765870	1658201	1198243
无锡软件园 Wuxi Software Park	11987000	9961038	5341000	4292600
苏州软件园 Suzhou Software Park	2801243	2037135	1324806	738639
常州软件园 Changzhou Software Park	1633585	1486563	981132	667170
杭州高新软件园 Hangzhou Hi-tech Software Park	14246212	9421485	9023992	902580

5-8 续表 continued

单位：千元 (1000 yuan)

软件产业基地 Software Industrial Base	科技活动经费支出总额 Expenditure on Science and Technology Activity	研究与试验发展经费支出 Expenditure on R&D	软件研发经费支出 Expenditure on Software R&D	新产品开发经费支出 Expenditure on New Product R&D
合肥软件园 Hefei Software Park	963896	727241	676590	353196
福州软件园 Fuzhou Software Park	2412419	2226462	1601839	1145924
厦门软件园 Xiamen Software Park	4452500	3776000	2183000	1340000
金庐软件园 Jiangxi Jinlu Software Park	730782	534635	443033	309092
齐鲁软件园 Qilu Software Park	11890437	8144950	6125002	4005751
青岛软件园 Qingdao Software Park	3062661	1776816	690282	428415
郑州软件园 Zhenzhou Software Park	355000	334000	293000	101000
湖北软件产业基地 Hubei Software Base	4925770	3879104	3107880	2528080
长沙软件园 Changsha Software Park	2095542	1788305	1502246	1235586
广州软件园 Guangzhou Software Park	10841619	9185378	8997126	6756534
深圳软件园 Shenzhen Software Park	29443467	23365905	12940924	7668917
珠海高新区软件园 Zhuhai Software Park	2904612	1920052	1596502	121300
南宁软件园 Nanning Software Park	728965	461512	338900	334512
天府软件园 Tianfu Software Park	5226135	4427692	3647184	1824147
重庆软件园 Chongqing Software Park	373874	35420	252206	113885
云南软件园 Yunnan Software Park	212295	132472	101477	89800
西安软件园 Xi'an Software Park	19258593	13856941	6557165	4075729
兰州软件园 Lanzhou Software Park	130652	79545	67992	67992
贵阳火炬软件园 Guiyang Torch Software Park	326543	197852	114736	96378
宁波市软件与服务外包产业园 Ningbo Software Park	780000	716000	586500	176550
如皋软件园 Rugao Software Park	277794	217748	177744	106467
潍坊软件园 Weifang Software Park	198745	142000	120344	48974
临沂软件园 Linyi Software Park	174130	72550	58760	42820
武进软件园 Wujin Software Park	280150	280150	102563	83917

第六部分

火炬特色产业基地

The Sixth Part

Torch Specialized Industrial Bases

6-1 国家火炬特色产业基地主要情况

General Statistics of National Torch Specialized Industrial Bases

年 份 Year	基地数 (个) Number of Torch Industrial Bases (unit)	基地内企业数 (个) Number of Tenant Enterprises (unit)	工业总产值 (亿元) Gross Industrial Output Value (100 million yuan)	总收入 (亿元) Total Income (100 million yuan)	上缴税额 (亿元) Taxes Submitted (100 million yuan)	净利润 (亿元) Net Profit (100 million yuan)	出口创汇 (亿美元) Export (100 million USD)
2003	47	4272	3603.9	3461.5	185.1	239.2	61.2
2004	79	12050	7331.2	7181.0	362.5	465.9	154.2
2005	128	17691	11765.4	11566.2	643.4	711.6	264.3
2006	133	26563	15095.6	15003.9	806.6	938.6	347.2
2007	169	39233	21925.1	22893.4	1053.7	1348.9	578.5
2008	209	49139	29153.0	28716.0	1649.5	2006.4	792.8
2009	235	67990	37183.6	36759.2	2558.5	2712.9	836.1
2010	248	82520	47583.2	47878.5	3472.9	3659.4	1116.1
2011	288	85394	60681.6	61061.4	3606.6	4472.9	1364.6
2012	314	93128	69539.1	68648.3	3844.1	4819.8	1463.7
2013	342	102893	81647.3	76521.4	4407.7	5563.6	1560.3
2014	369	118231	88227.1	85646.0	4996.5	5874.9	1744.1
2015	391★	126393	92851.4	91233.1	4889.0	6115.6	1809.5

注：截止2015年底，全国共有391家火炬计划特色产业基地，其中384家特色产业基地上报了2015年报数据，年鉴中的各项指标数据为384家特色产业基地的汇总数据。

6-2 各地区火炬计划特色产业基地经济指标

Main Economic Indicators of Torch Program Specialized Industrial Bases by region

地区	Region	入统基地数（个）Number of Torch Industrial Bases with Data (unit)	基地内企业数（个）Number of Enterprises (unit)	工业总产值（千元）Gross Industrial Output Value (1000 yuan)	总收入（千元）Total Income (1000 yuan)	上缴税额（千元）Taxes Submmitted (1000 yuan)	净利润（千元）Net Profit (1000 yuan)	出口创汇（千美元）Export (1000 USD)
合计	**Total**	**384**	**126393**	**9285138031**	**9123310999**	**488899350**	**611555948**	**180945075**
东部地区	Eastern Region	282	100028	6762642771	6918055289	361662745	469599295	163906180
中部地区	Middle Region	52	18062	1178383948	1131070382	41475309	56314958	12026072
西部地区	Westren Region	18	3943	853810776	581282389	54903298	48491983	2555136
东北地区	Northeast Region	32	4360	490300536	492902939	30857998	37149712	2457687
北京	Beijing	2	2571	8876786	29999932	1387623	1328453	33065
天津	Tianjin	8	2493	85939469	88762805	6740554	7855685	1943989
河北	Hebei	12	3128	181757008	248392333	12918475	18961214	3810460
山西	Shanxi	8	289	34481595	35258529	1281003	1361969	233276
内蒙古	Inner Mongolia	1	11	22955780	13053830	184660	1095880	
辽宁	Liaoning	18	2902	252334992	262319253	8898689	16142210	1845395
吉林	Jilin	5	277	95451465	86780348	5926490	9314420	60090
黑龙江	Heilongjiang	9	1181	142514079	143803338	16032819	11693082	552202
上海	Shanghai	7	4814	158714149.5	177628118	6967915	10455012	3906234
江苏	Jiangsu	111	20452	3033705297	3068613018	182604394	215709884	66471527
浙江	Zhejiang	47	13305	806917543	884992308	53163500	66556473	23958372
安徽	Anhui	13	3496	347269167	367991831	12788031	23866962	3373206
福建	Fujian	11	2406	95032931	92834990	2604462	3880147	1785641
江西	Jiangxi	3	5540	52069000	42058000	1147000	2155000	456510
山东	Shandong	58	7900	1237491183	1201029167	50954369	85906755	16753780
河南	Henan	9	1120	141450947	148034409	6873097	11497118	1907592
湖北	Hubei	12	6058	332118538	274984065	12729219	12854824	2500205
湖南	Hunan	7	1559	270994701	262743548	6656959	4579085	3555283
广东	Guangdong	26	42959	1154208405	1125802618	44321453	58945672	45243112
广西	Guangxi							
海南	Hainan							
重庆	Chongqing	2	1101	380142530	81592294	2659192	3957750	679875
四川	Sichuan	2	299	21399899	21663160	1280677	1569674	54671
贵州	Guizhou	2	181	9955970	13406218	354284	813445	111805
云南	Yunnan							
西藏	Tibet							
陕西	Shaanxi	6	2056	137012255	137825951	10914469	1870152	834827
甘肃	Gansu	1	24	31851923	60075306	1169360	373699	
青海	Qinghai							
宁夏	Ningxia	2	72	19526146	20804068	242576	227015	402911
新疆	Xinjiang	2	199	230966273	232861562	38098080	38584368	471047
新疆兵团	Xinjiang Corps							

6-3 各地区火炬计划特色产业基地人员分布情况
Personnel Distribution of Torch Program Specialized Industrial Bases by region

单位：人 (person)

地区	Region	企业从业人员总数 Total Number of Employees	大专以上 College and Higher Level	博士 Doctor	硕士 Master
合 计	**Total**	**9928049**	**3240667**	**22489**	**128565**
东部地区	Eastern Region	7716694	2450130	17850	99032
中部地区	Middle Region	1220618	427352	2129	16531
西部地区	Westren Region	548193	191857	1394	7297
东北地区	Northeast Region	442544	171328	1116	5705
北 京	Beijing	33796	4544	55	260
天 津	Tianjin	94616	36915	1116	1987
河 北	Hebei	311946	109798	567	4009
山 西	Shanxi	44134	18337	197	867
内蒙古	Inner Mongolia	12178	2980	3	42
辽 宁	Liaoning	225073	74269	408	3049
吉 林	Jilin	43156	28390	73	347
黑龙江	Heilongjiang	174315	68669	635	2309
上 海	Shanghai	139539	65129	1329	7194
江 苏	Jiangsu	2725850	914424	8506	52651
浙 江	Zhejiang	1100020	287225	1745	7916
安 徽	Anhui	370479	135626	787	7292
福 建	Fujian	254371	67383	135	1235
江 西	Jiangxi	120623	9591	137	657
山 东	Shandong	1197373	540393	3308	17613
河 南	Henan	203445	84374	228	973
湖 北	Hubei	285298	101311	432	4150
湖 南	Hunan	196639	78113	348	2592
广 东	Guangdong	1859183	424319	1089	6167
广 西	Guangxi				
海 南	Hainan				
重 庆	Chongqing	129021	38683	78	1085
四 川	Sichuan	36567	10547	105	531
贵 州	Guizhou	25179	9417	35	796
云 南	Yunnan				
西 藏	Tibet				
陕 西	Shaanxi	138787	67465	984	3594
甘 肃	Gansu	20946	5669	6	91
青 海	Qinghai				
宁 夏	Ningxia	16703	4386	15	80
新 疆	Xinjiang	168812	52710	168	1078
新疆兵团	Xinjiang Corps				

6-4　计划单列市火炬计划特色产业基地经济指标
Main Economic Indicators of Torch Program Specialized Industrial Bases of the Cities Listed Independently in the State Plan

城　市	City	入统基地数（个）Number of Torch Industrial Bases with Data (unit)	基地内企业数（个）Number of Enterprises (unit)	工业总产值（千元）Gross Industrial Output Value (1000 yuan)	总收入（千元）Total Income (1000 yuan)	上缴税额（千元）Taxes Submmitted (1000 yuan)	净利润（千元）Net Profit (1000 yuan)	出口创汇（千美元）Export (1000 USD)
合　计	**Total**	**20**	**3161**	**265312709**	**282254170**	**14367293**	**17718228**	**7243686**
大　连	Dalian	3	161	59738932	59718571	1639378	3045051	1231363
宁　波	Ningbo	8	2175	158962029	177733477	10521765	11118486	4898804
厦　门	Xiamen	4	27	21859556	21377531	1236845	1552277	706859
青　岛	Qingdao	5	798	24752192	23424591	969305	2002414	406660
深　圳	Shenzhen							

6-5　计划单列市火炬计划特色产业基地人员分布情况
Personnel Distribution of Torch Program Specialized Industrial Bases of the Cities Listed Independently in the State Plan

单位：人　　(person)

城　市	City	企业从业人员总数 Total Number of Employees	大专以上 College and Higher Level	博士 Doctor	硕士 Master
合　计	**Total**	**326010**	**82653**	**956**	**6290**
大　连	Dalian	39190	15823	129	1417
宁　波	Ningbo	215747	40390	279	1661
厦　门	Xiamen	26632	9774	51	609
青　岛	Qingdao	44441	16666	497	2603
深　圳	Shenzhen				

第七部分

创新型产业集群

The Seventh Part

Innovative Industrial Clusters

7-1 创新型产业集群主要经济指标

创新型产业集群 Innovative Industrial Clusters	企业总数 (个) Number of Enterprises (unit)	高新技术企业数 (个) Number of Hi-tech Enterprises (unit)
合　计 **Total**	**13322**	**4793**
北京中关村移动互联网创新型产业集群 Beijing Zhongguancun Mobile Internet Innovative Industrial Cluster	403	125
亦庄数字电视和数字内容创新型产业集群 Yizhuang Digital TV and Content Innovative Industrial Cluster	26	9
丰台轨道交通创新型产业集群 Fengtai Rail Transit Innovative Industrial Cluster	126	126
天津高新区新能源创新型产业集群 Tianjin Hi-tech Zone New Energy Innovative Industrial Cluster	170	38
北辰高端装备制造创新型产业集群 Beichen Hi-end Equipment Manufacturing Innovative Industrial Cluster	166	64
石家庄药用辅料创新型产业集群 Shijiazhuang Pharmaceutic Adjuvant Innovative Industrial Cluster	172	29
邯郸现代装备制造创新型产业集群 Handan Modern Equipment Manufacturing Innovative Industrial Cluster	280	94
保定新能源与智能电网装备创新型产业集群 Baoding New Energy and Intelligent Power Grid Innovative Industrial Cluster	351	84
太原不锈钢创新型产业集群 Taiyuan Stainless Innovative Industrial Cluster	58	6
榆次液压创新型产业集群 Yuci Hydraulic Innovative Industrial Cluster	34	10
包头稀土高新技术产业开发区稀土新材料创新型产业集群 Baotou Rare Earth Hi-tech Zone Rare Earth New Material Innovative Industrial Cluster	66	48
大连信息技术及服务创新型产业集群创新型产业集群 Dalian IT Technology and Service Innovative Industrial Cluster	1265	185
辽宁激光创新型产业集群 Liaoning Laser Innovative Industrial Cluster	230	18
本溪制药创新型产业集群 Benxi Pharmaceutics Innovative Industrial Cluster	107	21
长春汽车电子创新型产业集群 Changchun Automotive Electronics Innovative Industrial Cluster	159	36
通化医药创新型产业集群 Tonghua Medicine Innovative Industrial Cluster	57	9
齐齐哈尔重型数控机床创新型产业集群 Qiqihar Heavy Numerical Control Machine Innovative Industrial Cluster	48	26

Main Economic Statistics of Innovative Industrial Clusters

年末从业人员（人） Year End Number of Employees (person)	大专及以上（人） College and Higher Level (person)	营业收入（千元） Operatng Revenue (1000 yuan)	出口总额（千美元） Export (1000 USD)	净利润（千元） Net Profit (1000 yuan)	上缴税费（千元） Taxes Submitted (1000 yuan)
2896647	**1578653**	**3738223052**	**118848472**	**272628823**	**224575094**
54200	51400	160300000	1537000	14300000	8000000
35460	28571	43510000	2120000	1930000	820500
39825	23557	98073810	132200	9568734	2976965
25970	15750	28213200	1460000	1985589	1081052
60832	39663	92626226	1131422	6415702	2633136
36700	28810	57724400	1001120	3578050	2800510
26700	16700	54900000	178920	3843000	2412000
61283	29035	50654971	903292	22172	2198118
22841	10442	146000000	15000000	10000000	8500000
10200	760	8073800	92100	202000	516000
33198	4115	58765213	10386724	8227130	11753043
155331	136122	105104350	2149580	2582047	3645012
9126	5713	5501021	357000	213730	
17600	8653	19386000	67970	2252000	639000
15767	11254	44135510	390883	3835375	3951134
76929	31488	65004151	8457	4299705	1350020.5
23102	6350	14163117	232871	-143979	656045

7-1 续表 1

创新型产业集群 Innovative Industrial Clusters	企业总数 (个) Number of Enterprises (unit)	高新技术企业数 (个) Number of Hi-tech Enterprises (unit)
大庆高新区高端石化创新型产业集群 Daqing Hi-tech Hi-end Petrochemical Industry Innovative Industrial Cluster	25	13
上海新能源汽车及关键零部件创新型产业集群 Shanghai New Energy Automobile and Key Parts Innovative Industrial Cluster	33	33
张江生物医药创新型产业集群 Zhangjiang Bio-medicine Innovative Industrial Cluster	135	110
上海精细化工创新型产业集群 Shanghai Fine Petrochemical Industry Innovative Industrial Cluster	249	68
江宁智能电网创新型产业集群 Jiangning Intelligent Power Grid Innovative Industrial Cluster	199	76
无锡高新区智能传感系统创新型产业集群 Wuxi Hi-tech Zone Intelligent Sensor-based System Innovative Industrial Cluster	291	118
江阴特钢新材料创新型产业集群 Jiangyin Special Steel New Material Innovative Industrial Cluster	107	35
常州高新区光伏创新型产业集群 Changzhou Hi-tech Zone photovoltaic Innovative Industrial Cluster	50	34
苏州高新区医疗器械创新型产业集群 Suzhou Hi-tech Medical Apparatus Innovative Industrial Cluster	167	31
苏州工业园区纳米新材料创新型产业集群 Suzhou Industrial Park Nano New Material Innovative Industrial Cluster	160	53
昆山小核酸创新型产业集群 Kunshan siRNA Innovative Industrial Cluster	28	2
杭州数字安防创新型产业集群 Hangzhou Digital Security Innovative Industrial Cluster	513	114
温州激光与光电创新型产业集群 Wenzhou Laser and Photoelectricity Innovative Industrial Cluster	178	105
合肥基于信息技术的公共安全创新型产业集群 Hefei IT-based Public Safety Innovative Industrial Cluster	236	129
芜湖新能源汽车创新型产业集群 Wuhu New Energy Automobile Innovative Industrial Cluster	114	106
蚌埠新型高分子材料创新型产业集群 Bengbu New Polymer Material Innovative Industrial Cluster	136	60
厦门海洋与生命科学创新型产业集群 Xiamen Oceans and Life Sciences Innovative Industrial Cluster	99	99
泉州微波通信创新型产业集群 Quanzhou Microwave Communication Innovative Industrial Cluster	31	23

continued 1

年末从业人员（人）Year End Number of Employees (person)	大专及以上（人）College and Higher Level (person)	营业收入（千元）Operatng Revenue (1000 yuan)	出口总额（千美元）Export (1000 USD)	净利润（千元）Net Profit (1000 yuan)	上缴税费（千元）Taxes Submitted (1000 yuan)
52563	18980	88390938	44173	5483899	1790179
13885	5750	29689327	561252	3116092	2320787
24000	20000	60000000		4356000	13666666
22548	7626	27738965	2902447	1024001	3375309
45328	39875	53487203	1258977	6214785	8957843
131018	63662	111743610	10014450	3788247	2844449
24586	7937	92489517	1074352	6801476	7246247
23328	6133	38976038	2325917	1977370	2614927
6675	3288	5144781	346410	264474	204379
6210	5118	8631792	159381	269997	453942
350	340	3521			1049
70157	58252	99242892	2493793	15540914	7371663
51228	23332	41512545	2025906	3451451	2464836
31200	25268	30656620	71457	5598965	2757068
26357	8361	31675100	153201	4465230	893721
33196	6983	35122211	322085	1512607	1440052
29905	10167	11482662.45	669153.66	1808450.38	607129
62140	22567	99718254	776	8087138	9217546

7-1 续表 2

创新型产业集群 Innovative Industrial Clusters	企业总数（个） Number of Enterprises (unit)	高新技术企业数（个） Number of Hi-tech Enterprises (unit)
闽东中小电机创新型产业集群 East Fujian Small and Medium Electric Motor Innovative Industrial Cluster	146	32
南昌高新技术产业开发区生物医药创新型产业集群 Nanchang Hi-tech Zone Bio-medicine Innovative Industrial Cluster	39	14
景德镇直升机制造创新型产业集群 Jingdezhen Helicopter Manufacturing Innovative Industrial Cluster	68	14
济南智能输配电创新型产业集群 Jinan Intelligent Power Transmission and Distribution Innovative Industrial Cluster	75	45
青岛数字化家电创新型产业集群 Qingdao Digital Household Electrical Appliances Innovative Industrial Cluster	123	99
烟台海洋生物与医药创新型产业集群 Yantai Marine Organism and Medicine Innovative Industrial Cluster	56	5
潍坊半导体发光创新型产业集群 Weifang Light Emitting Semi-conductor Innovative Industrial Cluster	173	45
济宁高效传动与智能铲运机械创新型产业集群 Jining Efficient Drive and Intelligent Scraper Innovative Industrial Cluster	140	66
郑州智能仪器仪表创新型产业集群 Zhengzhou Intelligent Instruments and Meters Innovative Industrial Cluster	52	40
洛阳高新区轴承创新型产业集群 Luoyang Hi-tech Zone Bearing Innovative Industrial Cluster	238	15
南阳防爆装备制造创新型产业集群 Nanyang Explosion-proof Equipment Manufacturing Innovative Industrial Cluster	68	6
武汉东湖高新区国家地球空间信息及应用服务创新型产业集群 Wuhan Donghu Hi-tech Zone National Earth Space Information and Application Service Innovative Industrial Cluster	431	278
十堰商用车及部件创新型产业集群 Shiyan Commercial Vehicle and Parts Innovative Industrial Cluster	310	162
襄阳新能源汽车创新型产业集群 Xiangyang New Energy Automobile Innovative Industrial Cluster	72	42
长沙电力智能控制与设备创新型产业集群 Changsha Electrical Power Intelligent Control and Equipment Innovative Industrial Cluster	128	56
株洲轨道交通装备制造创新型产业集群 Zhuzhou Rail Transit Equipment Manufacturing Innovative Industrial Cluster	44	44
湘潭先进矿山装备制造创新型产业集群 Xiangtan Advanced Mine Equipment Manufacturing Innovative Industrial Cluster	164	35
广州个体医疗与生物医药创新型产业集群 Guangzhou Personalized Medical Care and Bio-medicine Innovative Industrial Cluster	530	105

continued 2

年末从业人员 (人) Year End Number of Employees (person)	大专及以上 (人) College and Higher Level (person)	营业收入 (千元) Operatng Revenue (1000 yuan)	出口总额 (千美元) Export (1000 USD)	净利润 (千元) Net Profit (1000 yuan)	上缴税费 (千元) Taxes Submitted (1000 yuan)
95300	22650	37664420	516310	821247	1225770
21000	7600	8222075	48360	830846	399658
14308	7375	21406213	49501	408532	727347
15700	14530	56200000	86000	15210000	14200000
29378	16720	50412384.82	440019.8	4084773.63	3089694.61
6162	4292	4589856	225479	923156.3	751224.3
27326	11890	29459864	1426537	3174635	943576
27008	20035	26230042	63472	21777	61096
5640	3782	2870183		380713	246541
33125	15111	21043646	153251	1274861	4230501
17079	6867	8965460	98170	381650	423410
53101	45752	20693636	104836	1568370	1192833
58000	17800	7555043	100000	1870000	299200
3253	2611	11915763	47793	1068677	729484
17500	8350	26941673	232356	2213059	769490
56453	41718	97105361.66		6297225.78	6580741.12
30017	14718	31600000	100000	165000	
43629	27117	47426754	46291	6710579	6001191

7-1 续表 3

创新型产业集群 Innovative Industrial Clusters	企业总数 (个) Number of Enterprises (unit)	高新技术企业数 (个) Number of Hi-tech Enterprises (unit)
深圳高新区下一代互联网创新型产业集群 Shenzhen Hi-tech Zone Next Generation Internet Innovative Industrial Cluster	894	500
珠海智能配电网装备创新型产业集群 Zhuhai Intelligent Power Distribution Network Equipment Innovative Industrial Cluster	76	51
惠州云计算智能终端创新型产业集群 Huizhou Cloud Computing Intelligent Terminals Innovative Industrial Cluster	347	87
中山健康科技创新型产业集群 Zhongshan Health Technology Innovative Industrial Cluster	238	60
南宁亚热带生物资源开发利用创新型产业集群 Nanning Subtropical Zone Biotic Resources Utilization Innovative Industrial Cluster	171	51
柳州高新区汽车整车及零部件创新型产业集群 Liuzhou Hi-tech Zone Complete Vehical and Parts Innovative Industrial Cluster	70	68
重庆高新区电子信息创新型产业集群 Chongqing Hi-tech Zone Electronic Information Innovative Industrial Cluster	350	117
成都数字新媒体创新型产业集群 Chengdu Digital New Media Innovative Industrial Cluster	737	302
绵阳汽车发动机及关键零部件创新型产业集群 Mianyang Automobile Motor and Key Parts Innovative Industrial Cluster	27	9
贵阳国家高新区新材料创新型产业集群 Guiyang Hi-tech Zone New Material Innovative Industrial Cluster	109	50
昆明市生物医药创新型产业集群 Kunming Bio-medicine Innovative Industrial Cluster	13	13
西安高新区军民融合通信创新型产业集群 Xian Hi-tech Zone Integration of Military and Civil Communication Technology Innovative Industrial Cluster	391	121
宝鸡高新区钛创新型产业集群 Baoji Hi-tech Zome Titanium Innovative Industrial Cluster	197	26
杨凌示范区生物创新型产业集群 Yangling Demonstration Zone Bio-tech Innovative Industrial Cluster	152	18
兰州高新技术产业开发区节能环保创新型产业集群 Lanzhou Hi-tech Energy Saving and Environment Friendly Technology Innovative Industrial Cluster	73	28
青藏高原特色生物资源与中藏药创新型产业集群 Qinghai-Tibetan Plateau Biotic Resources and Traditional Medicine Qinghai-Tibetan Plateau	74	15
海西盐湖化工特色循环经济创新型产业集群 West Qinghai Salt Lake Chemical Industry Circular Economy Innovative Industrial Cluster	42	8
乌鲁木齐电子新材料创新型产业集群 Urumqi Electronic New Material Innovative Industrial Cluster	35	29

continued 3

年末从业人员（人）Year End Number of Employees (person)	大专及以上（人）College and Higher Level (person)	营业收入（千元）Operatng Revenue (1000 yuan)	出口总额（千美元）Export (1000 USD)	净利润（千元）Net Profit (1000 yuan)	上缴税费（千元）Taxes Submitted (1000 yuan)
288366	213673	348033866	13151879	26796854	21049919
23633	12833	14560715.91	626454	1209094	707723.8
129514	27043	228345039.2	19732595.45	7259266.6	8579558.83
29468	13012	68395323	419534	4579126	3896251
44851	16211	49774490	227842	3465647	2046734
62165	24096	145628654	372538	6302741.5	9594482.11
46363	26785	47292572	429835	5675333	2102459
112596	61059	119565591.3	9050537.61	8633554.86	2438676.33
16405	2900	13313478	190718	691628	499931
41350	20124	35706636	981783	1253951	1284584
8401	5826	29759020	134697	3173894	2200176
58620	51117	94718764	7655018	6677245	2034473
17136	11265	34258621	83021	265440	438571
8750	4260	9352000	50620	206200	542030
11056	9201	9235502.58	61107.09	429324.54	262599.01
4997	2248	11110500	41250	188870	215286
66040	738	36965939	4097		2258000
13219	5322	14062220	323300	1543200	391555

7-2 创新型产业集群主要科技活动成果情况

创新型产业集群 Innovative Industrial Clusters	当年发明专利申请 (件) Number of Inventtion Patent Applications (piece)	当年发明专利授权 (件) Number of Invetntion Patents Granted (piece)
合　计 **Total**	**51339**	**19640**
北京中关村移动互联网创新型产业集群 Beijing Zhongguancun Mobile Internet Innovative Industrial Cluster	4200	2700
亦庄数字电视和数字内容创新型产业集群 Yizhuang Digital TV and Content Innovative Industrial Cluster		
丰台轨道交通创新型产业集群 Fengtai Rail Transit Innovative Industrial Cluster	269	66
天津高新区新能源创新型产业集群 Tianjin Hi-tech Zone New Energy Innovative Industrial Cluster	284	57
北辰高端装备制造创新型产业集群 Beichen Hi-end Equipment Manufacturing Innovative Industrial Cluster	503	154
石家庄药用辅料创新型产业集群 Shijiazhuang Pharmaceutic Adjuvant Innovative Industrial Cluster	235	235
邯郸现代装备制造创新型产业集群 Handan Modern Equipment Manufacturing Innovative Industrial Cluster	287	72
保定新能源与智能电网装备创新型产业集群 Baoding New Energy and Intelligent Power Grid Innovative Industrial Cluster	1466	279
太原不锈钢创新型产业集群 Taiyuan Stainless Innovative Industrial Cluster	200	130
榆次液压创新型产业集群 Yuci Hydraulic Innovative Industrial Cluster	20	10
包头稀土高新技术产业开发区稀土新材料创新型产业集群 Baotou Rare Earth Hi-tech Zone Rare Earth New Material Innovative Industrial Cluster	230	131
大连信息技术及服务创新型产业集群创新型产业集群 Dalian IT Technology and Service Innovative Industrial Cluster	1590	731
辽宁激光创新型产业集群 Liaoning Laser Innovative Industrial Cluster	162	142
本溪制药创新型产业集群 Benxi Pharmaceutics Innovative Industrial Cluster	40	16
长春汽车电子创新型产业集群 Changchun Automotive Electronics Innovative Industrial Cluster	167	65
通化医药创新型产业集群 Tonghua Medicine Innovative Industrial Cluster	89	35
齐齐哈尔重型数控机床创新型产业集群 Qiqihar Heavy Numerical Control Machine Innovative Industrial Cluster	287	70
大庆高新区高端石化创新型产业集群 Daqing Hi-tech Hi-end Petrochemical Industry Innovative Industrial Cluster	33	10
上海新能源汽车及关键零部件创新型产业集群 Shanghai New Energy Automobile and Key Parts Innovative Industrial Cluster	84	19
张江生物医药创新型产业集群 Zhangjiang Bio-medicine Innovative Industrial Cluster	900	200
上海精细化工创新型产业集群 Shanghai Fine Petrochemical Industry Innovative Industrial Cluster	101	165
江宁智能电网创新型产业集群 Jiangning Intelligent Power Grid Innovative Industrial Cluster	285	88
无锡高新区智能传感系统创新型产业集群 Wuxi Hi-tech Zone Intelligent Sensor-based System Innovative Industrial Cluster	1020	407

Main Results of Science and Technology Activities of Innovative Industrial Clusters

拥有注册商标(件) (piece)	拥有软件著作权(件) Software Copyright in Force (piece)	拥有集成电路布图(件) IC Layout Design in Force (piece)	拥有植物新品种(件) Plant New Variety Rights in Force (piece)	当年形成国家或行业标准(项) National or Sector Standards Fromed (item)
49499	**52141**	**8972**	**453**	**831**
6234	3651			15
5				
88	768			7
285	130	15		6
1064				24
1272	15		13	17
248	45	4		29
3256	322	2		92
70	122			39
58				
52	210	50		20
76	1455	98		
	33			
110	25	19		
224	493	5		
782				5
94	19			21
42				
15	57	3		
18				
13				10
218	836			14
341	1367	578		2

7-2 续表 1

创新型产业集群 Innovative Industrial Clusters	当年发明专利申请 (件) Number of Inventtion Patent Applications (piece)	当年发明专利授权 (件) Number of Invetntion Patents Granted (piece)
江阴特钢新材料创新型产业集群 Jiangyin Special Steel New Material Innovative Industrial Cluster	876	108
常州高新区光伏创新型产业集群 Changzhou Hi-tech Zone photovoltaic Innovative Industrial Cluster	91	63
苏州高新区医疗器械创新型产业集群 Suzhou Hi-tech Medical Apparatus Innovative Industrial Cluster	264	112
苏州工业园区纳米新材料创新型产业集群 Suzhou Industrial Park Nano New Material Innovative Industrial Cluster	528	181
昆山小核酸创新型产业集群 Kunshan siRNA Innovative Industrial Cluster	8	5
杭州数字安防创新型产业集群 Hangzhou Digital Security Innovative Industrial Cluster	1828	796
温州激光与光电创新型产业集群 Wenzhou Laser and Photoelectricity Innovative Industrial Cluster	987	223
合肥基于信息技术的公共安全创新型产业集群 Hefei IT-based Public Safety Innovative Industrial Cluster	244	228
芜湖新能源汽车创新型产业集群 Wuhu New Energy Automobile Innovative Industrial Cluster	1021	167
蚌埠新型高分子材料创新型产业集群 Bengbu New Polymer Material Innovative Industrial Cluster	232	168
厦门海洋与生命科学创新型产业集群 Xiamen Oceans and Life Sciences Innovative Industrial Cluster	221	58
泉州微波通信创新型产业集群 Quanzhou Microwave Communication Innovative Industrial Cluster	2289	1346
闽东中小电机创新型产业集群 East Fujian Small and Medium Electric Motor Innovative Industrial Cluster	75	28
南昌高新技术产业开发区生物医药创新型产业集群 Nanchang Hi-tech Zone Bio-medicine Innovative Industrial Cluster	44	23
景德镇直升机制造创新型产业集群 Jingdezhen Helicopter Manufacturing Innovative Industrial Cluster	78	10
济南智能输配电创新型产业集群 Jinan Intelligent Power Transmission and Distribution Innovative Industrial Cluster	1311	217
青岛数字化家电创新型产业集群 Qingdao Digital Household Electrical Appliances Innovative Industrial Cluster	500	197
烟台海洋生物与医药创新型产业集群 Yantai Marine Organism and Medicine Innovative Industrial Cluster	46	75
潍坊半导体发光创新型产业集群 Weifang Light Emitting Semi-conductor Innovative Industrial Cluster	436	137
济宁高效传动与智能铲运机械创新型产业集群 Jining Efficient Drive and Intelligent Scraper Innovative Industrial Cluster	208	125
郑州智能仪器仪表创新型产业集群 Zhengzhou Intelligent Instruments and Meters Innovative Industrial Cluster	274	148
洛阳高新区轴承创新型产业集群 Luoyang Hi-tech Zone Bearing Innovative Industrial Cluster	1304	201
南阳防爆装备制造创新型产业集群 Nanyang Explosion-proof Equipment Manufacturing Innovative Industrial Cluster	14	7
武汉东湖高新区国家地球空间信息及应用服务创新型产业集群 Wuhan Donghu Hi-tech Zone National Earth Space Information and Application Service Innovative Industrial Cluster	384	168
十堰商用车及部件创新型产业集群 Shiyan Commercial Vehicle and Parts Innovative Industrial Cluster	530	750

continued 1

拥有注册商标(件) (piece)	拥有软件著作权(件) Software Copyright in Force (piece)	拥有集成电路布图(件) IC Layout Design in Force (piece)	拥有植物新品种(件) Plant New Variety Rights in Force (piece)	当年形成国家或行业标准(项) National or Sector Standards Fromed (item)
96	112			2
27	1			14
746	76	32	1	2
4				2
4				
2085	5207	397		12
758	213	11		40
194	129	6		7
75	25			1
429	1			2
499	74	2		8
524	3587	6987		1
3960	126			1
4				
129	7			3
47	1171	15		4
718	1319	4		23
450	12			4
178	98			
132	175			7
57	342	7		3
1301	418			
8	12			
759	3412	23		5
36	18			20

7-2 续表 2

创新型产业集群 Innovative Industrial Clusters	当年发明专利申请 (件) Number of Inventtion Patent Applications (piece)	当年发明专利授权 (件) Number of Invetntion Patents Granted (piece)
襄阳新能源汽车创新型产业集群 Xiangyang New Energy Automobile Innovative Industrial Cluster	98	30
长沙电力智能控制与设备创新型产业集群 Changsha Electrical Power Intelligent Control and Equipment Innovative Industrial Cluster	600	70
株洲轨道交通装备制造创新型产业集群 Zhuzhou Rail Transit Equipment Manufacturing Innovative Industrial Cluster	1607	581
湘潭先进矿山装备制造创新型产业集群 Xiangtan Advanced Mine Equipment Manufacturing Innovative Industrial Cluster	886	323
广州个体医疗与生物医药创新型产业集群 Guangzhou Personalized Medical Care and Bio-medicine Innovative Industrial Cluster	957	482
深圳高新区下一代互联网创新型产业集群 Shenzhen Hi-tech Zone Next Generation Internet Innovative Industrial Cluster	13174	4675
珠海智能配电网装备创新型产业集群 Zhuhai Intelligent Power Distribution Network Equipment Innovative Industrial Cluster	248	98
惠州云计算智能终端创新型产业集群 Huizhou Cloud Computing Intelligent Terminals Innovative Industrial Cluster	2329	408
中山健康科技创新型产业集群 Zhongshan Health Technology Innovative Industrial Cluster	240	99
南宁亚热带生物资源开发利用创新型产业集群 Nanning Subtropical Zone Biotic Resources Utilization Innovative Industrial Cluster	147	87
柳州高新区汽车整车及零部件创新型产业集群 Liuzhou Hi-tech Zone Complete Vehical and Parts Innovative Industrial Cluster	284	146
重庆高新区电子信息创新型产业集群 Chongqing Hi-tech Zone Electronic Information Innovative Industrial Cluster	319	100
成都数字新媒体创新型产业集群 Chengdu Digital New Media Innovative Industrial Cluster	965	215
绵阳汽车发动机及关键零部件创新型产业集群 Mianyang Automobile Motor and Key Parts Innovative Industrial Cluster	21	3
贵阳国家高新区新材料创新型产业集群 Guiyang Hi-tech Zone New Material Innovative Industrial Cluster	435	212
昆明市生物医药创新型产业集群 Kunming Bio-medicine Innovative Industrial Cluster	109	41
西安高新区军民融合通信创新型产业集群 Xian Hi-tech Zone Integration of Military and Civil Communication Technology Innovative Industrial Cluster	1800	289
宝鸡高新区钛创新型产业集群 Baoji Hi-tech Zome Titanium Innovative Industrial Cluster	35	33
杨凌示范区生物创新型产业集群 Yangling Demonstration Zone Bio-tech Innovative Industrial Cluster	348	285
兰州高新技术产业开发区节能环保创新型产业集群 Lanzhou Hi-tech Energy Saving and Environment Friendly Technology Innovative Industrial Cluster	100	28
青藏高原特色生物资源与中藏药创新型产业集群 Qinghai-Tibetan Plateau Biotic Resources and Traditional Medicine Qinghai-Tibetan Plateau	71	16
海西盐湖化工特色循环经济创新型产业集群 West Qinghai Salt Lake Chemical Industry Circular Economy Innovative Industrial Cluster	176	43
乌鲁木齐电子新材料创新型产业集群 Urumqi Electronic New Material Innovative Industrial Cluster	145	53

continued 2

拥有注册商标(件) (piece)	拥有软件著作权(件) Software Copyright in Force (piece)	拥有集成电路布图(件) IC Layout Design in Force (piece)	拥有植物新品种(件) Plant New Variety Rights in Force (piece)	当年形成国家或行业标准(项) National or Sector Standards Fromed (item)
16	95	15		2
86	988	11		2
257	390	1		44
	12	2		5
2372	482			22
7083	12822	466	8	119
259	871	13		8
286	229	15		2
55	53			2
958	17		36	11
735	206		2	5
686	1296	17		23
2081	6700	31		11
36				5
165	5	4	3	26
1765	31		3	24
2166	1296	21		21
49	3			10
2350	137	108	386	8
79	9	1		6
203	92		1	
27	324	9		13

7-3 创新型产业集群主要服务机构情况

创新型产业集群 Innovative Industrial Clusters	国家级科技企业孵化器(个) Number of State-level Business Incubators (Unit)
合　计 **Total**	**170**
北京中关村移动互联网创新型产业集群 Beijing Zhongguancun Mobile Internet Innovative Industrial Cluster	1
亦庄数字电视和数字内容创新型产业集群 Yizhuang Digital TV and Content Innovative Industrial Cluster	2
丰台轨道交通创新型产业集群 Fengtai Rail Transit Innovative Industrial Cluster	3
天津高新区新能源创新型产业集群 Tianjin Hi-tech Zone New Energy Innovative Industrial Cluster	6
北辰高端装备制造创新型产业集群 Beichen Hi-end Equipment Manufacturing Innovative Industrial Cluster	
石家庄药用辅料创新型产业集群 Shijiazhuang Pharmaceutic Adjuvant Innovative Industrial Cluster	6
邯郸现代装备制造创新型产业集群 Handan Modern Equipment Manufacturing Innovative Industrial Cluster	1
保定新能源与智能电网装备创新型产业集群 Baoding New Energy and Intelligent Power Grid Innovative Industrial Cluster	1
太原不锈钢创新型产业集群 Taiyuan Stainless Innovative Industrial Cluster	
榆次液压创新型产业集群 Yuci Hydraulic Innovative Industrial Cluster	
包头稀土高新技术产业开发区稀土新材料创新型产业集群 Baotou Rare Earth Hi-tech Zone Rare Earth New Material Innovative Industrial Cluster	4
大连信息技术及服务创新型产业集群创新型产业集群 Dalian IT Technology and Service Innovative Industrial Cluster	4
辽宁激光创新型产业集群 Liaoning Laser Innovative Industrial Cluster	1
本溪制药创新型产业集群 Benxi Pharmaceutics Innovative Industrial Cluster	1
长春汽车电子创新型产业集群 Changchun Automotive Electronics Innovative Industrial Cluster	9
通化医药创新型产业集群 Tonghua Medicine Innovative Industrial Cluster	1
齐齐哈尔重型数控机床创新型产业集群 Qiqihar Heavy Numerical Control Machine Innovative Industrial Cluster	
大庆高新区高端石化创新型产业集群 Daqing Hi-tech Hi-end Petrochemical Industry Innovative Industrial Cluster	1
上海新能源汽车及关键零部件创新型产业集群 Shanghai New Energy Automobile and Key Parts Innovative Industrial Cluster	
张江生物医药创新型产业集群 Zhangjiang Bio-medicine Innovative Industrial Cluster	2
上海精细化工创新型产业集群 Shanghai Fine Petrochemical Industry Innovative Industrial Cluster	1
江宁智能电网创新型产业集群 Jiangning Intelligent Power Grid Innovative Industrial Cluster	1
无锡高新区智能传感系统创新型产业集群 Wuxi Hi-tech Zone Intelligent Sensor-based System Innovative Industrial Cluster	3

Main Service Organizations of Innovative Industrial Clusters

国家级技术转移机构（个） Number of State-level Technology Transfer Centers (Unit)	国家级生产力促进中心（个） Number of State-level Productivity Promotion Center (Unit)	具有国家级资质产品检验检测机构（个） Number of State-level Product Inspection and Testing Organziation (Unit)	研究院所（个） Number of Research Institutes (unit)	产业联盟组织数（个） Numbe of Industry Alliance (unit)
83	**36**	**72**	**314**	**187**
			3	2
				1
1		2	4	1
	1		9	5
	1	1	1	4
1			1	1
1			2	5
				2
			2	10
2	1		1	4
2		1	4	4
			3	1
1	1	1	5	2
7	1	6	4	1
			3	
	1		3	1
1	1	1	1	8
1				5
				2
			7	4

7-3 续表 1

创新型产业集群 Innovative Industrial Clusters	国家级科技企业孵化器（个） Number of State-level Business Incubators (Unit)
江阴特钢新材料创新型产业集群 Jiangyin Special Steel New Material Innovative Industrial Cluster	1
常州高新区光伏创新型产业集群 Changzhou Hi-tech Zone photovoltaic Innovative Industrial Cluster	
苏州高新区医疗器械创新型产业集群 Suzhou Hi-tech Medical Apparatus Innovative Industrial Cluster	5
苏州工业园区纳米新材料创新型产业集群 Suzhou Industrial Park Nano New Material Innovative Industrial Cluster	2
昆山小核酸创新型产业集群 Kunshan siRNA Innovative Industrial Cluster	
杭州数字安防创新型产业集群 Hangzhou Digital Security Innovative Industrial Cluster	4
温州激光与光电创新型产业集群 Wenzhou Laser and Photoelectricity Innovative Industrial Cluster	3
合肥基于信息技术的公共安全创新型产业集群 Hefei IT-based Public Safety Innovative Industrial Cluster	5
芜湖新能源汽车创新型产业集群 Wuhu New Energy Automobile Innovative Industrial Cluster	1
蚌埠新型高分子材料创新型产业集群 Bengbu New Polymer Material Innovative Industrial Cluster	7
厦门海洋与生命科学创新型产业集群 Xiamen Oceans and Life Sciences Innovative Industrial Cluster	4
泉州微波通信创新型产业集群 Quanzhou Microwave Communication Innovative Industrial Cluster	
闽东中小电机创新型产业集群 East Fujian Small and Medium Electric Motor Innovative Industrial Cluster	
南昌高新技术产业开发区生物医药创新型产业集群 Nanchang Hi-tech Zone Bio-medicine Innovative Industrial Cluster	5
景德镇直升机制造创新型产业集群 Jingdezhen Helicopter Manufacturing Innovative Industrial Cluster	1
济南智能输配电创新型产业集群 Jinan Intelligent Power Transmission and Distribution Innovative Industrial Cluster	
青岛数字化家电创新型产业集群 Qingdao Digital Household Electrical Appliances Innovative Industrial Cluster	4
烟台海洋生物与医药创新型产业集群 Yantai Marine Organism and Medicine Innovative Industrial Cluster	1
潍坊半导体发光创新型产业集群 Weifang Light Emitting Semi-conductor Innovative Industrial Cluster	2
济宁高效传动与智能铲运机械创新型产业集群 Jining Efficient Drive and Intelligent Scraper Innovative Industrial Cluster	3
郑州智能仪器仪表创新型产业集群 Zhengzhou Intelligent Instruments and Meters Innovative Industrial Cluster	4
洛阳高新区轴承创新型产业集群 Luoyang Hi-tech Zone Bearing Innovative Industrial Cluster	1
南阳防爆装备制造创新型产业集群 Nanyang Explosion-proof Equipment Manufacturing Innovative Industrial Cluster	1
武汉东湖高新区国家地球空间信息及应用服务创新型产业集群 Wuhan Donghu Hi-tech Zone National Earth Space Information and Application Service Innovative Industrial Cluster	1
十堰商用车及部件创新型产业集群 Shiyan Commercial Vehicle and Parts Innovative Industrial Cluster	1

continued 1

国家级技术转移机构（个）Number of State-level Technology Transfer Centers (Unit)	国家级生产力促进中心（个）Number of State-level Productivity Promotion Center (Unit)	具有国家级资质产品检验检测机构（个）Number of State-level Product Inspection and Testing Organziation (Unit)	研究院所（个）Number of Research Institutes (unit)	产业联盟组织数（个）Numbe of Industry Alliance (unit)
		1		1
	1	1		1
1		1	9	1
		1	3	2
			1	1
7	1	3	1	5
1		5	27	3
1	3	1	4	1
			1	1
4	2	4	4	4
1			2	1
			3	8
			1	1
	1	3	4	1
1			2	
				2
6		2	7	10
	1			
1		1	1	3
1	1	2	3	9
1				2
	1	1	1	1
	1	2	1	1
	1			2
	1		1	2

7-3 续表 2

创新型产业集群 Innovative Industrial Clusters	国家级科技企业孵化器（个） Number of State-level Business Incubators (Unit)
襄阳新能源汽车创新型产业集群 Xiangyang New Energy Automobile Innovative Industrial Cluster	1
长沙电力智能控制与设备创新型产业集群 Changsha Electrical Power Intelligent Control and Equipment Innovative Industrial Cluster	7
株洲轨道交通装备制造创新型产业集群 Zhuzhou Rail Transit Equipment Manufacturing Innovative Industrial Cluster	
湘潭先进矿山装备制造创新型产业集群 Xiangtan Advanced Mine Equipment Manufacturing Innovative Industrial Cluster	1
广州个体医疗与生物医药创新型产业集群 Guangzhou Personalized Medical Care and Bio-medicine Innovative Industrial Cluster	3
深圳高新区下一代互联网创新型产业集群 Shenzhen Hi-tech Zone Next Generation Internet Innovative Industrial Cluster	5
珠海智能配电网装备创新型产业集群 Zhuhai Intelligent Power Distribution Network Equipment Innovative Industrial Cluster	2
惠州云计算智能终端创新型产业集群 Huizhou Cloud Computing Intelligent Terminals Innovative Industrial Cluster	3
中山健康科技创新型产业集群 Zhongshan Health Technology Innovative Industrial Cluster	2
南宁亚热带生物资源开发利用创新型产业集群 Nanning Subtropical Zone Biotic Resources Utilization Innovative Industrial Cluster	3
柳州高新区汽车整车及零部件创新型产业集群 Liuzhou Hi-tech Zone Complete Vehical and Parts Innovative Industrial Cluster	1
重庆高新区电子信息创新型产业集群 Chongqing Hi-tech Zone Electronic Information Innovative Industrial Cluster	2
成都数字新媒体创新型产业集群 Chengdu Digital New Media Innovative Industrial Cluster	4
绵阳汽车发动机及关键零部件创新型产业集群 Mianyang Automobile Motor and Key Parts Innovative Industrial Cluster	3
贵阳国家高新区新材料创新型产业集群 Guiyang Hi-tech Zone New Material Innovative Industrial Cluster	3
昆明市生物医药创新型产业集群 Kunming Bio-medicine Innovative Industrial Cluster	2
西安高新区军民融合通信创新型产业集群 Xian Hi-tech Zone Integration of Military and Civil Communication Technology Innovative Industrial Cluster	16
宝鸡高新区钛创新型产业集群 Baoji Hi-tech Zome Titanium Innovative Industrial Cluster	1
杨凌示范区生物创新型产业集群 Yangling Demonstration Zone Bio-tech Innovative Industrial Cluster	1
兰州高新技术产业开发区节能环保创新型产业集群 Lanzhou Hi-tech Energy Saving and Environment Friendly Technology Innovative Industrial Cluster	3
青藏高原特色生物资源与中藏药创新型产业集群 Qinghai-Tibetan Plateau Biotic Resources and Traditional Medicine Qinghai-Tibetan Plateau	2
海西盐湖化工特色循环经济创新型产业集群 West Qinghai Salt Lake Chemical Industry Circular Economy Innovative Industrial Cluster	
乌鲁木齐电子新材料创新型产业集群 Urumqi Electronic New Material Innovative Industrial Cluster	1

continued 2

国家级技术转移机构（个）Number of State-level Technology Transfer Centers (Unit)	国家级生产力促进中心（个）Number of State-level Productivity Promotion Center (Unit)	具有国家级资质产品检验检测机构（个）Number of State-level Product Inspection and Testing Organziation (Unit)	研究院所（个）Number of Research Institutes (unit)	产业联盟组织数（个）Numbe of Industry Alliance (unit)
1	1	2	2	1
3	2		5	1
1	1			1
1				1
1	1	3	5	3
11		5	57	
			2	1
1		5		2
3	1	1	2	3
1	1	4	5	10
1	1	1	11	1
3			4	1
3	1			4
1	1			3
1	1	3	3	5
1	1		1	4
7	1	7	68	7
	1	1	10	3
1	1		3	4
			4	
			3	2
				4

第八部分

全国技术市场

The Eighth Part

Technology Market In China

8-1 全国技术合同成交情况

Statistics of Technology Contract Deals in Domestic Technical Markets

年 份 Year	合同数 (项) Number of Contracts (item)	技术合同交易额 (亿元) Value of Technology Contract Deals (100 million yuan)	交易额占国内生产总值 (%) Value of Technology Contract Deals as a Percentage of Gross Domestic Product (%)
2001	229702	782.0	0.71
2002	237093	884.0	0.73
2003	267997	1084.0	0.93
2004	264638	1334.0	0.98
2005	265010	1551.0	0.85
2006	205845	1818.0	0.87
2007	220868	2226.0	0.80
2008	226343	2665.0	0.89
2009	213752	3039.0	0.91
2010	229601	3906.6	0.98
2011	256428	4763.6	1.01
2012	282242	6437.1	1.24
2013	294929	7469.1	1.31
2014	297037	8577.2	1.35
2015	307132	9835.8	1.45

8-2 技术合同类别构成情况

Technology Contract Distribution by Category

合同类别 Category of Contract	合同数 (项) Number of Contracts (item)	合同交易额 (亿元) Value of Contract Deals (100 million yuan)	技术交易额 (亿元) Value of Technical Deals (100 million yuan)
合计 **Total**	**307132**	**9835.8**	**7511.5**
技术开发 **Technology Development**	**153433**	**3047.2**	**2558.3**
委托开发 Commissioned Development	144228	2733.9	2298.5
合作开发 Cooperated Development	9205	313.3	259.8
技术转让 **Technology Transfer**	**12787**	**1466.5**	**1096.0**
技术秘密转让 Technical Secrets Transfer	6928	1151.2	813.1
专利实施许可转让 Patent License Transfer	1999	117.3	105.6
专利权转让 Patent Right Transfer	1799	92.5	76.8
专利申请权转让 Patent Application Right Transfer	204	4.5	4.3
计算机软件著作权转让 Computer Software Copyright Transfer	1216	61.8	61.1
集成电路布图设计专有权转让 Integrated Circuit Layout Design Exclusive Right Transfer	51	4.4	0.9
植物新品种权转让 New Species of Animals and Plants Patent Right Transfer	292	18.2	18.2
生物、医药新品种权转让 New Species of Biology and Medicine Patent Right Transfer	298	16.6	15.9
技术咨询 **Technology Consultation**	**33559**	**263.1**	**187.0**
技术服务 **Technology Service**	**107353**	**5059.0**	**3670.1**
一般性技术服务 Normal Technology Service	105481	4996.3	3628.9
技术中介 Technology Intermediary	349	19.7	11.9
技术培训 Technology Training	1523	42.9	29.4

8-3 技术合同知识产权构成情况

Technology Contract Distribution by Intellectual Right

知识产权 Intellectual Right	合同数 (项) Number of Contracts (item)	合同交易额 (亿元) Value of Contract Deals (100 million yuan)	技术交易额 (亿元) Value of Technical Deals (100 million yuan)
合 计 **Total**	**307132**	**9835.8**	**7511.4**
技术秘密 **Technology Secrets**	**86266**	**2534.5**	**2066.9**
专利 **Patent**	**7805**	**675.3**	**496.3**
发明专利 Invention Patent	4649	357.2	275.5
实用新型专利 Utility Mode Patent	2962	306.7	214.3
外观设计专利 Design Patent	194	11.4	6.5
计算机软件 **Computer Software**	**46931**	**686.6**	**656.8**
植物新品种 **New Species of Animals and Plants**	**793**	**26.6**	**20.1**
集成电路布图设计 **IC Layout Design**	**685**	**35.8**	**30.7**
生物、医药新品种 **New Species of Biology and Medicine**	**2401**	**83.2**	**78.4**
设计著作权 **Design Copyright**	**1704**	**66.1**	**56.0**
未涉及知识产权 **Others**	**160547**	**5727.7**	**4106.2**

8-4 技术合同技术领域构成情况

Technology Contract Distribution by Technical Field

技术领域 Technical Field	合同数 (项) Number of Contracts (item)	合同交易额 (亿元) Value of Contract Deals (100 million yuan)	技术交易额 (亿元) Value of Technical Deals (100 million yuan)
合 计 **Total**	**307132**	**9835.8**	**7511.5**
电子信息技术 IT Technology	122538	2497.3	2292.1
航空航天技术 Aviation and Aerospace Technology	10079	277.1	259.6
先进制造技术 Advanced Manufacture Technology	32071	1350.7	919.8
生物、医药和医疗器械技术 Biology,Medicine and Medical Machine Technology	23549	510.7	457.5
新材料及其应用 Advanced Material and Application	12442	445.2	254.2
新能源与高效节能 New Energy and Power Saving	20894	1064.3	706.6
环境保护与资源综合利用技术 Environment Protection and Resource Utilization Technology	20887	800.4	592.1
核应用技术 Nuclear Application Technology	404	390.1	236.2
农业技术 Agriculture Technology	13126	308.0	178.6
现代交通 Modern Transportation	11526	981.9	743.3
城市建设与社会发展 Urban Construction and Social Development	39616	1210.0	871.4

8-5 技术合同社会-经济目标构成情况
Technology Contract Distribution by Social and Economic Objectives

经济目标 Economic Objective	合同数 (项) Number of Contracts (item)	合同交易额 (亿元) Value of Contract Deals (100 million yuan)	技术交易额 (亿元) Value of Technical Deals (100 million yuan)
合计 **Total**	**307132**	**9835.8**	**7511.5**
地球和大气层的探索与利用 Earth and Atmosphere Exploration and Utility	421	8.7	8.2
非定向研究 Nondirective Research	9060	315.1	164.4
工商业发展 Industry Promotion	28135	1183.2	754.9
国防 Defense	11757	254.9	238.1
环境保护、生态建设与污染防治 Environmental Protection，Ecological Building and Pollution Prevention	18575	771.5	600.7
基础设施以及城市和农村规划 Infrastructure	20477	1150.3	872.2
教育事业发展 Education Development	7191	69.2	65.7
民用空间探测及开发 Civil Aerospace Exploration	1844	40.6	36.3
能源的生产、分配和合理利用 Energy Production，Distribution and Application	19133	982.2	691.0
农林牧渔业发展 Farming,Forestry and Fishery	13981	264.9	174.5
其他民用目标 Other Civil Purpose	49233	1454.2	1268.5
社会发展和社会服务 Social Development and Social Service	111019	3017.4	2346.6
卫生事业发展 Sanitation Development	16306	323.5	290.4

8-6 技术合同计划项目构成情况
Technology Contract Distribution by Science Program Project

计划类别 Category of Science Program	合同数 (项) Number of Contracts (item)	合同交易额 (亿元) Value of Contract Deals (100 million yuan)	技术交易额 (亿元) Value of Technical Deals (100 million yuan)
合　计 **Total**	**307132**	**9835.8**	**7511.5**
国家计划 National Science Program	**5685**	**153.5**	**122.0**
高技术研究发展计划(863计划) Hi-Tech Research and Development Program of China	155	18.9	16.7
国际科技合作计划 International S&T Cooperation Program	40	1.9	1.8
国际热核聚变实验堆(ITER)计划专项 ITER Program	11	8.1	7.5
国家科技支撑计划 Key Technologies R&D Program	133	3.4	2.5
国家科技重大专项 National S&T Major Program	414	23.7	18.0
国家农业科技成果转化资金 Agriculture Science and Technology Achievement Transform Fund	14	0.2	0.1
国家软科学研究计划 National Soft Science Research Program	5	0.0	0.0
国家重点新产品计划 National New Product Program	76	9.6	9.6
火炬计划 Torch Program	21	1.0	0.4
基础研究计划(973计划)和国家重大科学研究计划 National Basic Research Program and National Major Scientific Research Program of China	102	3.5	3.5
科技富民强县专项行动计划 S&T Program for County and Farmer Enrichment	3	0.0	0.0
科技惠民计划 S&T Program for Public Wellbeing	6	0.2	0.0
科技基础条件平台建设 S&T Infrastructure Program	34	1.9	0.5
科技型中小企业技术创新基金 Innovation Fund for Technology-Based Small and Medium Size Enterprises	219	6.0	1.9
科研院所技术开发研究专项资金 Special Technology Development Project for Research Institutions	189	0.5	0.5
其他 Other	2272	58.1	43.0
星火计划 Spark Program	17	0.4	0.2
自然科学基金 Natural Science Fund	1974	16.0	15.8
部门计划 Science Program at Ministerial Level	**6043**	**300.2**	**246.9**
省、自治区、直辖市及计划单列市计划 Provincial Level Science Program	**21188**	**604.6**	**332.4**
地市县计划 Region Level Science Program	**15553**	**418.7**	**258.4**
计划外 Others not Supported by Program	**258663**	**8358.8**	**6551.8**

8-7 卖方机构构成及交易情况

Technology Contract Distribution by Technology Seller

卖方类别 Category of Technology Seller	机构数 (个) Number of Seller (unit)	合同数 (项) Number of Contracts (item)	成交金额 (亿元) Value of Contract Deals (100 million yuan)	技术交易额 (亿元) Value of Technical Deals (100 million yuan)
合 计 Total	**31621**	**307132**	**9835.8**	**7511.5**
机关法人 Governments	**304**	**1904**	**114.1**	**88.5**
事业法人 Public Organizations	**2416**	**104626**	**958.2**	**829.2**
科研机构 Research Institutes	1074	40663	560.4	482.3
高等院校 Higher Education	576	57081	314.3	287.9
医疗、卫生 Medical and Sanitation	234	2965	8.1	5.8
其它 Other	532	3917	75.4	53.2
社团法人 Social Organization	**122**	**1258**	**13.1**	**11.5**
企业法人 Enterprises	**28291**	**196517**	**8476.9**	**6338.9**
内资企业 Domestic Funded Enterprises	25567	182410	6853.1	4928.2
港澳台商投资企业 Enterprises with Funds from Hongkong,Macao and Taiwan	360	2780	146.3	140.2
外商投资企业 Foreign Funded Enterprises	1195	8462	1011.3	939.7
个体经营 Private Enterprises	379	1002	19.3	14.0
境外企业 Overseas Enterprises	790	1863	446.9	316.9
自然人 Natural Person	**276**	**751**	**8.7**	**8.0**
其他组织 Other Organizations	**212**	**2076**	**264.8**	**235.3**

8-8 买方机构构成及交易情况

Technology Contract Distribution by Technology Buyer

买方类别 Category of Technology Buyer	合同数 (项) Number of Contracts (item)	合同交易额 (亿元) Value of Contract Deals (100 million yuan)	技术交易额 (亿元) Value of Technical Deals (100 million yuan)
合计 **Total**	**307132**	**9835.8**	**7511.5**
机关法人 **Governments**	**40280**	**1617.3**	**979.2**
事业法人 **Public Organizations**	**50908**	**583.1**	**500.8**
科研机构 Research Institutes	21038	254.5	230.5
高等院校 Higher Education	9647	62.8	57.2
医疗卫生 Medical and Sanitation	4387	20.1	17.8
其它 Other	15836	245.7	195.3
社团法人 **Social Organizations**	**1188**	**6.7**	**6.1**
企业法人 **Enterprises**	**209342**	**7463.9**	**5889.1**
内资企业 Domestic Funded Enterprises	189879	5305.6	4095.2
港澳台商投资企业 Enterprises with Funds from Hongkong,Macao and Taiwan	1888	115.8	101.3
外商投资企业 Foreign Funded Enterprises	9587	685.2	525.4
个体经营 Private Enterprises	4040	32.5	28.8
境外企业 Overseas Enterprises	3948	1324.7	1138.5
自然人 **Natural Person**	**2132**	**18.6**	**17.4**
其他组织 **Other Organizations**	**3282**	**146.1**	**118.7**

8-9 重大技术合同构成情况
Key Technology Contract Composition

构成 Composition	合同数 (项) Number of Contracts (item)	成交金额 (亿元) Value of Contract Deals (100 million yuan)
一、合同类别 **Category of Contracts**		
合 计 **Total**	**9589**	**7370.0**
技术服务 Technology Service	4301	4190.7
技术开发 Technology Development	3566	1745.9
技术转让 Technology Transfer	1441	1294.9
技术咨询 Technology Consultation	281	138.6
二、技术领域 **Technical Field**		
合 计 **Total**	**9589**	**7370.0**
电子信息技术 IT Technology	2560	1544.3
先进制造技术 Advanced Manufacture	1648	1066.8
新能源与高效节能 New Energy and Energy Saving	983	880.1
现代交通 Modern Transportation	738	869.7
环境保护与资源综合利用技术 Environment Protection and Resource Comprehensive Utilization	578	648.4
新材料及其应用 Advanced Material and Application	618	338.3
生物、医药和医疗器械技术 Biology,Medicine and Medical Machine	745	341.2
城市建设与社会发展 Urban construction and Social Development	916	945.8
农业技术 Agriculture Technology	410	186.2
航空航天技术 Aviation and Aerospace Technology	350	162.8
核应用技术 Nuclear Application Technology	43	386.5
三、知识产权 **Intellectual Right**		
合 计 **Total**	**9589**	**7370.0**
技术秘密 Technology Secrets	2404	1884.4
专利 Patents	724	570.3
计算机软件 Computer Software	736	288.5
植物新品种 New Species of Plants and Animals	46	16.6
集成电路布图设计 IC Layout Design	70	27.5
生物、医药新品种 New Species of Biology and Medical	125	55.2
设计著作权 Design Copyright	73	53.7
未涉及知识产权 Other	5411	4474.0

8-10 各省、自治区、直辖市技术合同登记情况

Technology Contract Distribution by Region

地　区	Region	合同数 (项) Number of Contracts (item)	成交金额 (亿元) Value of Contract Deals (100 million yuan)	排名 Ranking
合　计	**Total**	**307132**	**9835.8**	
北　京	Beijing	72272	3452.6	1
天　津	Tianjin	12590	539.2	7
河　北	Hebei	3298	40.0	24
山　西	Shanxi	695	51.2	20
内蒙古	Inner Mongolia	504	46.9	22
辽　宁	Liaoning	12287	292.0	10
吉　林	Jilin	2419	26.4	25
黑龙江	Heilongjiang	1854	127.3	14
上　海	Shanghai	22513	708.0	5
江　苏	Jiangsu	32965	723.5	3
浙　江	Zhejiang	11283	99.3	16
安　徽	Anhui	12491	190.5	11
福　建	Fujian	4209	53.9	18
江　西	Jiangxi	1136	64.8	17
山　东	Shandong	20651	339.7	8
河　南	Henan	3497	45.6	23
湖　北	Hubei	22787	830.1	2
湖　南	Hunan	3710	105.4	15
广　东	Guangdong	17344	663.5	6
广　西	Guangxi	1577	7.3	27
海　南	Hainan	257	2.2	30
重　庆	Chongqing	2706	145.7	12
四　川	Sichuan	11262	295.8	9
贵　州	Guizhou	654	26.0	26
云　南	Yunnan	2680	52.8	19
西　藏	Tibet	/	/	31
陕　西	Shaanxi	22499	721.8	4
甘　肃	Gansu	4721	130.3	13
青　海	Qinghai	953	46.9	21
宁　夏	Ningxia	662	3.5	28
新　疆	Xinjiang	656	3.5	29

8-11 各省、自治区、直辖市技术交易情况

Technology Trade Statistics by Region

地区	Region	输出技术 Technology Output		吸纳技术 Technology Adoption	
		合同数（项）Number of Contracts (item)	成交金额（亿元）Value of Contract Deals (100 million yuan)	合同数（项）Number of Contracts (item)	成交金额（亿元）Value of Contract Deals (100 million yuan)
合计	**Total**	**307132**	**9835.8**	**307132**	**9835.8**
北京	Beijing	72306	3453.9	50140	1147.5
天津	Tianjin	12449	503.4	9439	330.7
河北	Hebei	3298	39.5	5989	145.3
山西	Shanxi	698	51.2	2999	97.2
内蒙古	Inner Mongolia	498	15.4	2609	188.6
辽宁	Liaoning	11878	267.5	10883	231.3
吉林	Jilin	2420	26.5	3446	54.5
黑龙江	Heilongjiang	1857	127.3	3161	107.7
上海	Shanghai	22119	663.8	22689	510.1
江苏	Jiangsu	32508	572.9	36607	1016.3
浙江	Zhejiang	11273	98.1	14999	201.9
安徽	Anhui	12488	190.5	12687	169.7
福建	Fujian	4132	52.1	5629	367.6
江西	Jiangxi	1137	64.8	2356	107.7
山东	Shandong	20422	307.6	21874	386.6
河南	Henan	3482	45.0	5082	127.6
湖北	Hubei	22532	789.3	14831	494.9
湖南	Hunan	3704	105.1	4291	151.6
广东	Guangdong	17316	662.6	22396	652.1
广西	Guangxi	1577	7.3	3299	57.7
海南	Hainan	257	2.2	1404	28.2
重庆	Chongqing	2638	57.2	3340	184.3
四川	Sichuan	11228	282.3	11195	293.3
贵州	Guizhou	650	26.0	2345	176.1
云南	Yunnan	2666	51.8	4278	173.6
西藏	Tibet	/	/	382	17.0
陕西	Shaanxi	22508	721.8	12657	298.5
甘肃	Gansu	4712	129.7	4869	118.1
青海	Qinghai	952	46.9	1997	47.1
宁夏	Ningxia	661	3.5	1451	28.6
新疆	Xinjiang	658	3.0	2673	121.3
香港	Hongkong	30	3.7	844	80.0
台湾	Taiwan	70	12.1	133	9.4
澳门	Macao			40	14.5
国外	Overseas	2008	451.6	4118	1699.2

8-12 计划单列市技术交易情况

Technology Trade Statistics of the Cities Listed Independently in the State Plan

地区	Region	输出技术 Technology Output			吸纳技术 Technology Adoption		
		合同数（项） Number of Contracts (item)	成交金额（亿元） Value of Contract Deals (100 million yuan)	排名 Ranking	合同数（项） Number of Contracts (item)	成交金额（亿元） Value of Contract Deals (100 million yuan)	排名 Ranking
合计	**Total**	**25806**	**567.2**		**25520**	**514.3**	
大连	Dalian	6447	65.3	3	5184	61.1	3
宁波	Ningbo	1464	21.5	5	2432	37.0	4
厦门	Xiamen	2551	33.4	4	2186	33.6	5
青岛	Qingdao	5054	74.9	2	4614	81.3	2
深圳	Shenzhen	10290	372.2	1	11104	301.3	1

8-13 副省级城市技术交易情况

Technology Trade Statistics of the Deputy Provincial Level Cities

地区	Region	输出技术 Technology Output			吸纳技术 Technology Adoption		
		合同数（项） Number of Contracts (item)	成交金额（亿元） Value of Contract Deals (100 million yuan)	排名 Ranking	合同数（项） Number of Contracts (item)	成交金额（亿元） Value of Contract Deals (100 million yuan)	排名 Ranking
合计	**Total**	**96979**	**2172.7**		**64772**	**1922.8**	
沈阳	Shenyang	4216	153.5	6	3023	86.0	7
长春	Changchun	1934	24.5	10	2028	26.0	10
哈尔滨	Harbin	1720	110.1	7	2180	86.7	6
南京	Nanjing	25351	198.3	5	14625	648.2	1
杭州	Hangzhou	8001	50.8	8	6482	83.9	8
武汉	Wuhan	15096	440.9	2	9515	362.0	2
济南	Jinan	3594	31.0	9	3930	71.8	9
广州	Guangzhou	5881	269.5	3	6295	192.6	4
成都	Chengdu	9791	236.3	4	7338	170.4	5
西安	Xi'an	21395	657.8	1	9356	195.3	3

8-14 东部地区技术交易情况

Technology Trade Statistics of the Eastern Region

地区 Region	输出技术 Technology Output			吸纳技术 Technology Adoption		
	合同数（项） Number of Contracts (item)	成交金额（亿元） Value of Contract Deals (100 million yuan)	排名 Ranking	合同数（项） Number of Contracts (item)	成交金额（亿元） Value of Contract Deals (100 million yuan)	排名 Ranking
合计 Total	**196080**	**6356.1**		**191166**	**4786.4**	
北京 Beijing	72306	3453.9	1	50140	1147.5	1
天津 Tianjin	12449	503.4	5	9439	330.7	7
河北 Hebei	3298	39.5	9	5989	145.3	9
上海 Shanghai	22119	663.8	2	22689	510.1	4
江苏 Jiangsu	32508	572.9	4	36607	1016.3	2
浙江 Zhejiang	11273	98.1	7	14999	201.9	8
福建 Fujian	4132	52.1	8	5629	367.6	6
山东 Shandong	20422	307.6	6	21874	386.6	5
广东 Guangdong	17316	662.6	3	22396	652.1	3
海南 Hainan	257	2.2	10	1404	28.2	10

8-15 中部地区技术交易情况

Technology Trade Statistics of the Middle Region

地区 Region	输出技术 Technology Output			吸纳技术 Technology Adoption		
	合同数（项） Number of Contracts (item)	成交金额（亿元） Value of Contract Deals (100 million yuan)	排名 Ranking	合同数（项） Number of Contracts (item)	成交金额（亿元） Value of Contract Deals (100 million yuan)	排名 Ranking
合计 Total	**44041**	**1246.0**		**42246**	**1148.8**	
湖北 Hubei	22532	789.3	1	14831	494.9	1
安徽 Anhui	12488	190.5	2	12687	169.7	2
湖南 Hunan	3704	105.1	3	4291	151.6	3
河南 Henan	3482	45.0	6	5082	127.6	4
江西 Jiangxi	1137	64.8	4	2356	107.7	5
山西 Shanxi	698	51.2	5	2999	97.2	6

8-16 西部地区技术交易情况

Technology Trade Statistics of the Western Region

地区	Region	输出技术 Technology Output			吸纳技术 Technology Adoption		
		合同数（项） Number of Contracts (item)	成交金额（亿元） Value of Contract Deals (100 million yuan)	排名 Ranking	合同数（项） Number of Contracts (item)	成交金额（亿元） Value of Contract Deals (100 million yuan)	排名 Ranking
合计	**Total**	**48748**	**1345.0**		**51095**	**1704.1**	
重庆	Chongqing	2638	57.2	4	3340	184.3	4
内蒙古	Inner Mongolia	498	15.4	8	2609	188.6	3
四川	Sichuan	11228	282.3	2	11195	293.3	2
陕西	Shaanxi	22508	721.8	1	12657	298.5	1
云南	Yunnan	2666	51.8	5	4278	173.6	6
甘肃	Gansu	4712	129.7	3	4869	118.1	8
新疆	Xinjiang	658	3.0	11	2673	121.3	7
青海	Qinghai	952	46.9	6	1997	47.1	10
贵州	Guizhou	650	26.0	7	2345	176.1	5
广西	Guangxi	1577	7.3	9	3299	57.7	9
宁夏	Ningxia	661	3.5	10	1451	28.6	11
西藏	Xizang	/	/	12	382	17.0	12

8-17 东北地区技术交易情况

Technology Trade Statistics of the Northeast Region

地区	Region	输出技术 Technology Output			吸纳技术 Technology Adoption		
		合同数（项） Number of Contracts (item)	成交金额（亿元） Value of Contract Deals (100 million yuan)	排名 Ranking	合同数（项） Number of Contracts (item)	成交金额（亿元） Value of Contract Deals (100 million yuan)	排名 Ranking
合计	**Total**	**16155**	**421.2**		**17490**	**393.5**	
辽宁	Liaoning	11878	267.5	1	10883	231.3	1
黑龙江	Heilongjiang	1857	127.3	2	3161	107.7	2
吉林	Jilin	2420	26.5	3	3446	54.5	3

8-18 环渤海地区技术交易情况

Technology Trade Statistics of the Bohai Sea Rim Region

地区	Region	输出技术 Technology Output			吸纳技术 Technology Adoption		
		合同数（项） Number of Contracts (item)	成交金额（亿元） Value of Contract Deals (100 million yuan)	排名 Ranking	合同数（项） Number of Contracts (item)	成交金额（亿元） Value of Contract Deals (100 million yuan)	排名 Ranking
合　计	**Total**	**121549**	**4638.5**		**103933**	**2527.2**	
北　京	Beijing	72306	3453.9	1	50140	1147.5	1
辽　宁	Liaoning	11878	267.5	4	10883	231.3	4
天　津	Tianjin	12449	503.4	2	9439	330.7	3
山　东	Shandong	20422	307.6	3	21874	386.6	2
内蒙古	Inner Mongolia	498	15.4	7	2609	188.6	5
河　北	Hebei	3298	39.5	6	5989	145.3	6
山　西	Shanxi	698	51.2	5	2999	97.2	7

8-19 长三角地区技术交易情况

Technology Trade Statistics of the Yangzi River Delta Region

地区	Region	输出技术 Technology Output			吸纳技术 Technology Adoption		
		合同数（项） Number of Contracts (item)	成交金额（亿元） Value of Contract Deals (100 million yuan)	排名 Ranking	合同数（项） Number of Contracts (item)	成交金额（亿元） Value of Contract Deals (100 million yuan)	排名 Ranking
合　计	**Total**	**65900**	**1334.8**		**74295**	**1728.4**	
上　海	Shanghai	22119	663.8	1	22689	510.1	2
江　苏	Jiangsu	32508	572.9	2	36607	1016.3	1
浙　江	Zhejiang	11273	98.1	3	14999	201.9	3

8-20 珠三角地区技术交易情况

Technology Trade Statistics of the Pearl River Delta Region

地区	Region	输出技术 Technology Output			吸纳技术 Technology Adoption		
		合同数（项） Number of Contracts (item)	成交金额（亿元） Value of Contract Deals (100 million yuan)	排名 Ranking	合同数（项） Number of Contracts (item)	成交金额（亿元） Value of Contract Deals (100 million yuan)	排名 Ranking
合　计	**Total**	**17346**	**666.3**		**23280**	**746.5**	
广　东	Guangdong	17316	662.6	1	22396	652.1	1
香　港	Hongkong	30	3.7	2	844	80.0	2
澳　门	Macao			3	40	14.5	3

8-21 各地区国家技术转移示范机构法人构成情况

Distribution of Organization Type of National Technology Transfer Centers By Region

地　区	Region	机构总数（个） Number of National Technology Transfer Centers (unit)	企业法人（个） Number of Enterprises (unit)	事业法人（个） Number of Public Organizations (unit)	社团法人（个） Number of Social Organizations (unit)	民办非企业（个） Number of private non-enterprise organization (unit)	内设机构（个） Number of Internal Organs (unit)
合　计	**Total**	**453**	**154**	**125**	**3**	**15**	**156**
东部地区	Eastern Region	258	93	60	2	9	94
中部地区	Middle Region	60	21	20		1	18
西部地区	Western Region	97	31	36	1	5	24
东北地区	Northeast Region	38	9	9			20
北　京	Beijing	58	28	9		2	19
天　津	Tianjin	11	2	5			4
河　北	Hebei	13	3	3			7
山　西	Shanxi	6	1	4			1
内 蒙 古	Inner Mongolia	4	2			1	1
辽　宁	Liaoning	17	7	1			9
吉　林	Jiling	10	1	4			5
黑 龙 江	Heilongjiang	11	1	4			6
上　海	Shanghai	26	8	6	2		10
江　苏	Jiangsu	45	9	9			27
浙　江	Zhejiang	27	12	7		1	7
安　徽	Anhui	13	3	7			3
福　建	Fujian	11	5	2			4
江　西	Jiangxi	5	4				1
山　东	Shandong	32	17	6		2	7
河　南	Henan	7	4	3			
湖　北	Hubei	20	4	5		1	10
湖　南	Hunan	9	5	1			3
广　东	Guangdong	34	8	13		4	9
广　西	Guangxi	8	2	4		1	1
海　南	Hainan	1	1				
重　庆	Chongqing	8	1	5	1		1
四　川	Sichuan	22	7	5		3	7
贵　州	Guizhou	2	1				1
云　南	Yunnan	9	2	5			2
陕　西	Shaanxi	21	8	9			4
甘　肃	Gansu	9	5	3			1
青　海	Qinghai	3	1	2			
宁　夏	Ningxia	1					1
新　疆	Xinjiang	7	1	1			5
新疆兵团	Xinjiang Corps	3	1	2			

注：2015年，国家技术转移示范机构总数453家，其中上报统计数据439家，后表所列人员、促成技术转移和服务相关指标为439家机构的数
西藏无国家技术转移示范机构，后同。

8-22 各地区国家技术转移示范机构人员构成情况
Personnel Statistics of National Technology Transfer Centers By Region

单位：人 (person)

地 区	Region	总人数 Total Number of Employees	大学本科及以上 With University Education and Above	中级职称及以上 With Mid-level Professional Titles and Above	技术经纪人 Number of private non-enterprise organization
合 计	**Total**	**38081**	**31399**	**22032**	**4211**
东部地区	Eastern Region	23187	19114	12272	2639
中部地区	Middle Region	3607	3173	2533	416
西部地区	Western Region	9209	7283	5693	805
东北地区	Northeast Region	2078	1829	1534	351
北 京	Beijing	3128	2548	1556	265
天 津	Tianjin	885	633	502	133
河 北	Hebei	435	361	322	39
山 西	Shanxi	144	119	70	21
内蒙古	Inner Mongolia	132	84	45	64
辽 宁	Liaoning	1000	912	788	118
吉 林	Jiling	507	463	392	103
黑龙江	Heilongjiang	571	454	354	130
上 海	Shanghai	2737	2291	1502	306
江 苏	Jiangsu	5567	4799	3086	509
浙 江	Zhejiang	3200	2470	1601	615
安 徽	Anhui	1362	1311	1276	86
福 建	Fujian	303	258	141	109
江 西	Jiangxi	214	188	151	23
山 东	Shandong	2666	2125	1592	321
河 南	Henan	387	335	201	60
湖 北	Hubei	1213	959	669	166
湖 南	Hunan	287	261	166	60
广 东	Guangdong	4251	3619	1965	342
广 西	Guangxi	783	420	338	12
海 南	Hainan	15	10	5	
重 庆	Chongqing	868	793	523	57
四 川	Sichuan	1164	844	569	223
贵 州	Guizhou	54	50	45	
云 南	Yunnan	578	478	408	42
陕 西	Shaanxi	3446	2879	2405	207
甘 肃	Gansu	416	309	228	59
青 海	Qinghai	312	251	168	27
宁 夏	Ningxia	97	82	58	20
新 疆	Xinjiang	1275	1019	851	94
新疆兵团	Xinjiang Corps	84	74	55	

8-23 各地区国家技术转移示范机构促成技术转移情况

Technology Transfer Promotion Statistics of National Technology Transfer Centers By Region

单位：项　　(item)

地　区	Region	促成项目成交总数 Total Number of Projects Traded	战略性新兴产业项目成交数量 Number of Strategic Emerging Industry Projects	公共财政项目成交数量 Number of Public Financed Projects	国际技术转移项目成交数量 Number of International Technology Transfer Projects	重大技术转移项目成交数量 Number of Key Technology Transfer Projects
合　计	**Total**	**127249**	**61293**	**19076**	**2218**	**2767**
东部地区	Eastern Region	61613	27106	11882	1657	1019
中部地区	Middle Region	17292	9097	2968	94	363
西部地区	Western Region	43238	23199	3249	351	1267
东北地区	Northeast Region	5106	1891	977	116	118
北　京	Beijing	10707	3420	2407	226	281
天　津	Tianjin	2506	1122	938	42	31
河　北	Hebei	2206	1018	615	4	10
山　西	Shanxi	180	87	45	1	41
内蒙古	Inner Mongolia	1153	327	5		4
辽　宁	Liaoning	2828	1029	489	54	78
吉　林	Jiling	1614	580	342	23	4
黑龙江	Heilongjiang	664	282	146	39	36
上　海	Shanghai	5936	3269	1145	671	198
江　苏	Jiangsu	17937	9565	3705	205	180
浙　江	Zhejiang	5198	1523	502	99	115
安　徽	Anhui	7043	3251	651	23	194
福　建	Fujian	823	312	149	23	9
江　西	Jiangxi	406	135	67	1	7
山　东	Shandong	5562	2318	1514	46	39
河　南	Henan	546	311	112	2	
湖　北	Hubei	7646	4754	1686	44	101
湖　南	Hunan	1471	559	407	23	20
广　东	Guangdong	10712	4559	907	341	156
广　西	Guangxi	701	92	81	172	1
海　南	Hainan	26				
重　庆	Chongqing	19384	18421	191	12	252
四　川	Sichuan	7358	2649	762	99	151
贵　州	Guizhou	606	92	94	1	3
云　南	Yunnan	1555	252	513	7	20
陕　西	Shaanxi	10961	1187	1400	22	818
甘　肃	Gansu	657	85	51		2
青　海	Qinghai	156	58	65		2
宁　夏	Ningxia	2				2
新　疆	Xinjiang	231	36	28	15	4
新疆兵团	Xinjiang Corps	474		59	23	8

单位：千元 (1000yuan)

地 区	Region	促成项目成交总数 Total Number of Projects Traded	战略性新兴产业项目成交数量 Number of Strategic Emerging Industry Projects	公共财政项目成交数量 Number of Public Financed Projects	国际技术转移项目成交数量 Number of International Technology Transfer Projects	重大技术转移项目成交数量 Number of Key Technology Transfer Projects
合 计	**Total**	**178914171**	**63341922**	**22563814**	**5685532**	**59696349**
东部地区	Eastern Region	103119396	38075017	9214402	4559147	35220639
中部地区	Middle Region	18439582	10489352	2380673	259239	8541141
西部地区	Western Region	51996285	11740595	8699535	801266	13906144
东北地区	Northeast Region	5358908	3036959	2269204	65880	2028425
北 京	Beijing	30342749	8310735	2015384	1192806	11794186
天 津	Tianjin	1467405	357214	221709	105512	454878
河 北	Hebei	1081342	317434	160326	310	332300
山 西	Shanxi	3012998	1982764	598147	10141	1270288
内蒙古	Inner Mongolia	332666	220810	10200		142710
辽 宁	Liaoning	1274081	563926	201389	15840	231795
吉 林	Jiling	531427	206142	105835	30040	51820
黑龙江	Heilongjiang	3553400	2266890	1961980	20000	1744810
上 海	Shanghai	22258179	2013410	739951	636347	17031795
江 苏	Jiangsu	9653307	6442753	3007428	921857	2216867
浙 江	Zhejiang	3865140	2087035	416992	94797	936552
安 徽	Anhui	7560895	4391731	423523	71194	3828976
福 建	Fujian	711715	462433	168164	28814	269762
江 西	Jiangxi	269496	82738	24207	5000	59226
山 东	Shandong	3647482	2095191	1608800	128912	1116922
河 南	Henan	345298	270428	50520	1900	
湖 北	Hubei	5725902	3161883	992233	105149	2851858
湖 南	Hunan	1524994	599807	292042	65856	530792
广 东	Guangdong	30089079	15988812	875649	1449793	1067377
广 西	Guangxi	310765	80427	16369	40000	33000
海 南	Hainan	3000				
重 庆	Chongqing	4801690	1566181	495259	116335	363846
四 川	Sichuan	9001230	4208885	1327182	101446	1185340
贵 州	Guizhou	145889	76788	27124	25000	66000
云 南	Yunnan	2050978	933339	273161	21979	1347725
陕 西	Shaanxi	32784832	4552534	6251314	481127	10564469
甘 肃	Gansu	259656	28300	42380		1000
青 海	Qinghai	278938	46864	210540		160
宁 夏	Ningxia	1803				1803
新 疆	Xinjiang	102377	26467	14097	7610	22830
新疆兵团	Xinjiang Corps	1925464		31910	7770	177261

8-24 各地区国家技术转移示范机服务情况
Service Statistics of National Technology Transfer Centers By Region

地　区	Region	组织交易活动（次）Number of Trading Activities Organized (item)	组织技术转移培训（次）Number of Technology Transfer Training Organized (item)	服务企业数量（家）Number of Served Enterprises (unit)	解决企业需求（项）Number of Solved Business Needs (item)
合　计	**Total**	**16486**	**441457**	**321067**	**188250**
东部地区	Eastern Region	11028	218838	227667	129961
中部地区	Middle Region	1296	58950	34907	17090
西部地区	Western Region	3178	142589	50215	33907
东北地区	Northeast Region	984	21080	8278	7292
北　京	Beijing	3779	61524	33219	20945
天　津	Tianjin	516	6550	7502	4528
河　北	Hebei	705	15390	2251	1271
山　西	Shanxi	31	2364	2034	419
内蒙古	Inner Mongolia	176	3195	1469	660
辽　宁	Liaoning	631	3983	3346	3196
吉　林	Jiling	216	3032	2893	1888
黑龙江	Heilongjiang	137	14065	2039	2208
上　海	Shanghai	704	18670	23817	47011
江　苏	Jiangsu	1850	23637	47301	26430
浙　江	Zhejiang	1211	17321	17927	11492
安　徽	Anhui	533	16237	16430	4199
福　建	Fujian	258	10047	17153	5308
江　西	Jiangxi	41	1586	1580	728
山　东	Shandong	1177	42980	14609	5323
河　南	Henan	116	5173	4053	2213
湖　北	Hubei	478	31066	7018	6508
湖　南	Hunan	97	2524	3792	3023
广　东	Guangdong	828	22717	63685	7252
广　西	Guangxi	189	2797	4253	963
海　南	Hainan		2	203	401
重　庆	Chongqing	270	17949	13197	10852
四　川	Sichuan	475	22754	9904	10808
贵　州	Guizhou	36	1063	2513	672
云　南	Yunnan	61	3182	2432	1986
陕　西	Shaanxi	753	20133	11076	4184
甘　肃	Gansu	1054	57302	1503	2816
青　海	Qinghai	74	1948	1109	451
宁　夏	Ningxia	2	50	60	35
新　疆	Xinjiang	74	1781	571	196
新疆兵团	Xinjiang Corps	14	10435	2128	284

8-25 计划单列市国家技术转移示范机构法人构成情况

Distribution of Organization Type of National Technology Transfer Centers of the Cities Listed Independently in the State Plan

城　市	City	机构总数(个) Number of National Technology Transfer Centers (unit)	企业法人(个) Number of Enterprises (unit)	事业法人(个) Number of Public Organizations (unit)	社团法人(个) Number of Social Organizations (unit)	民办非企业(个) Number of private non-enterprise organization (unit)	内设机构(个) Number of Internal Organs (unit)
合　计	**Total**	**41**	**25**	**5**		**2**	**9**
大　连	Dalian	6	4				2
宁　波	Ningbo	6	3	1			2
厦　门	Xiamen	3	2				1
青　岛	Qingdao	13	11	1			1
深　圳	Shenzhen	13	5	3		2	3

8-26 计划单列市国家技术转移示范机构人员构成情况

Personnel Statistics of National Technology Transfer Centers of the Cities Listed Independently in the State Plan

单位：人　　(person)

城　市	City	总人数 Total Number of Employees	大学本科及以上 With University Education and Above	中级职称及以上 With Mid-level Professional Titles and Above	技术经纪人 Number of private non-enterprise organization
合　计	**Total**	**2210**	**1918**	**1403**	**308**
大　连	Dalian	409	347	323	44
宁　波	Ningbo	662	551	530	61
厦　门	Xiamen	119	105	11	14
青　岛	Qingdao	455	413	326	144
深　圳	Shenzhen	565	502	213	45

8-27 计划单列市国家技术转移示范机构促成技术转移情况

Technology Transfer Promotion Statistics of National Technology Transfer Centers of the Cities Listed Independently in the State Plan

单位：项 (item)

城市 City		促成项目成交总数 Total Number of Projects Traded	战略性新兴产业项目成交数量 Number of Strategic Emerging Industry Projects	公共财政项目成交数量 Number of Public Financed Projects	国际技术转移项目成交数量 Number of International Technology Transfer Projects	重大技术转移项目成交数量 Number of Key Technology Transfer Projects
合计	**Total**	**9430**	**4901**	**699**	**369**	**54**
大连	Dalian	499	129	50	13	6
宁波	Ningbo	815	236	77	25	19
厦门	Xiamen	268	136	109	13	1
青岛	Qingdao	1706	833	160	20	15
深圳	Shenzhen	6142	3567	303	298	13

8-27 续表 continued

单位：千元 (1000yuan)

城市 City		促成项目成交总数 Total Number of Projects Traded	战略性新兴产业项目成交数量 Number of Strategic Emerging Industry Projects	公共财政项目成交数量 Number of Public Financed Projects	国际技术转移项目成交数量 Number of International Technology Transfer Projects	重大技术转移项目成交数量 Number of Key Technology Transfer Projects
合计	**Total**	**30438298**	**16884072**	**979908**	**1516999**	**1403382**
大连	Dalian	372515	37990	25830	6310	18810
宁波	Ningbo	707820	236195	61207	39139	397240
厦门	Xiamen	180645	127283	39030	19332	30000
青岛	Qingdao	1582821	1155655	642867	44812	751732
深圳	Shenzhen	27594498	15326950	210975	1407406	205600

8-28 计划单列市国家技术转移示范机服务情况
Service Statistics of National Technology Transfer Centers of the Cities Listed Independently in the State Plan

地　区	Region	组织交易活动(次) Number of Trading Activities Organized (item)	组织技术转移培训(次) Number of Technology Transfer Training Organized (item)	服务企业数量(家) Number of Served Enterprises (unit)	解决企业需求(项) Number of Solved Business Needs (item)
合　计	**Total**	**1067**	**20247**	**84307**	**12988**
大　连	Dalian	101	814	559	601
宁　波	Ningbo	153	1437	4484	4441
厦　门	Xiamen	140	5834	15415	4255
青　岛	Qingdao	500	11023	10300	1219
深　圳	Shenzhen	173	1139	53549	2472

第九部分
全国生产力促进中心

The Ninth Part
Productivity Promotion Centers (PPCs) In China

9-1 全国生产力促进中心主要经济指标

Main Economic Indicators of Productivity Promotion Centers (PPCs) in China

年 份 Year	中心总数 (个) Number of Productivity Promotion Centers (unit)	总资产 (亿元) Total Assets (100 million yuan)	服务企业总数 (万个) Total Number of Serviced Enterprises (10000 unit)	中心年总服务收入 (亿元) Total Service Income (100 million yuan)	为企业增加销售额 (亿元) Enterprises Sales Income Increased by PPCs Service (100 million yuan)	增加利税 (亿元) Profits and Taxes Added (100 million yuan)	为社会增加就业 (万人) Employment for Society Added (10000 person)
1998	254	13.5	1.9	2.2	177.0	18.0	5.7
1999	491	17.6	4.9	4.5	155.0	26.7	11.3
2000	581	27.8	3.4	8.9	388.0	57.0	28.0
2001	701	31.2	5.0	11.3	407.0	69.0	34.5
2002	865	61.4	7.8	10.3	300.0	45.0	48.1
2003	1071	67.0	6.5	13.6	477.0	66.0	150.2
2004	1218	77.1	9.2	18.7	642.0	88.1	175.3
2005	1270	90.6	9.7	18.4	1078.0	112.0	86.7
2006	1331	109.9	10.3	24.8	752.0	107.0	108.9
2007	1425	116.4	15.5	40.6	1299.0	193.6	110.6
2008	1532	162.5	19.0	30.4	1202.0	175.5	134.1
2009	1808	209.2	24.5	30.8	1796.8	208.2	165.8
2010	2032	157.1	24.5	38.4	1578.6	203.9	165.6
2011	2274	260.8	30.7	62.8	1918.2	284.0	180.0
2012	2281	295.3	38.0	89.0	2535.2	341.7	186.2
2013	2581	351.0	38.7	139.1	5282.8	397.1	193.8
2014	2599	325.0	42.7	68.2	2480.7	447.1	153.8
2015	2688	284.4	44.2	57.6	1794.4	275.0	127.9

注：2015年，全国生产力促进中心达到2688家，上报数据的生产力促进中心1982家，所有指标数据为1982家上报数据的生产力促进中心总体数据。

9-2 各省、自治区、直辖市生产力促进中心基本情况

General Statistics of Productivity Promotion Centers by Region

地区	Region	中心个数(个) Number of Productivity Promotion Centers (unit)	入统中心个数(个) Number of Productivity Promotion Centers with Data (unit)	人员总数(人) Number of Employees (person)	总资产(千元) Total Assets (1000 yuan)	政府投入(千元) Govement Investment (1000 yuan)	年总服务收入(千元) Service Income of the Year (1000 yuan)	办公面积(平方米) Office Area (sq.m)
合　计	**Total**	**2688**	**1982**	**28905**	**28440245**	**2261937**	**5757314**	**2357199**
东部地区	Eastern Region	862	595	11543	13958676	976469	3494418	1092449
中部地区	Middle Region	701	504	6831	7793038	256631	916127	426995
西部地区	Western Region	854	689	8631	5842424	969738	1231095	593387
东北地区	Northeast Region	271	194	1900	846107	59099	115674	244368
北　京	Beijing	54	20	1109	3837390	80419	755975	44622
天　津	Tianjin	167	144	2314	1892677	34125	350815	162955
河　北	Hebei	122	90	1131	575505	50714	209463	49272
山　西	Shanxi	138	84	726	153934	20657	42885	21340
内蒙古	Inner Mongolia	104	96	845	351038	30090	29783	36551
辽　宁	Liaoning	118	72	768	357484	19149	56954	78226
吉　林	Jiling	42	12	163	72053	26016	11325	6702
黑龙江	Heilongjiang	111	110	969	416570	13934	47395	159441
上　海	Shanghai	6	6	167	144364	19649	47689	15857
江　苏	Jiangsu	69	38	823	1101471	101390	140808	87319
浙　江	Zhejiang	94	89	1532	2037031	18531	231719	192173
安　徽	Anhui	129	129	1874	1863641	23860	312960	116336
福　建	Fujian	102	82	1076	984451	161234	65969	125283
江　西	Jiangxi	147	147	1917	1331568	95025	182080	72505
山　东	Shandong	105	43	633	461851	248681	121042	48348
河　南	Henan	113	37	523	248677	22028	176973	53687
湖　北	Hubei	104	68	1159	3831253	81797	110344	87315
湖　南	Hunan	70	39	632	363965	13263	90885	75812
广　东	Guangdong	142	82	2758	2905446	258124	1570936	366270
广　西	Guangxi	109	76	865	714737	115912	83904	38737
海　南	Hainan	1	1		18490	3600		350
重　庆	Chongqing	71	43	575	273066	71693	88781	51596
四　川	Sichuan	144	124	956	1065879	372824	119599	39200
贵　州	Guizhou	137	91	910	1222267	110070	122023	179368
云　南	Yunnan	4	2	70	103244	72075	42896	10050
西　藏	Tibet	1	1	15	47300		850	1700
陕　西	Shaanxi	84	73	1658	688283	27239	571358	77504
甘　肃	Gansu	100	99	1451	628125	42045	53661	82091
青　海	Qinghai	4	4	75	63255	46588	8718	4453
宁　夏	Ningxia	13	5	103	32629	8885	8832	9780
新　疆	Xinjiang	82	74	1084	632402	66249	98254	60395
新疆兵团	Xinjiang Corps	1	1	24	20199	6068	2436	1960

9-3 各省、自治区、直辖市生产力促进中心服务情况
Service Statistics of Productivity Promotion Centers By Region

地区	Region	咨询服务项次（项次） Consultation Service (item time)	提供信息条数（条） Information Provided (piece)	技术服务项次（项次） Technological Service (item time)	培训服务人次（人次） Training Service (person time)	中介服务项次（项次） Intermediary Service (item time)	孵化企业服务（个） Incubation Service (unit)
合计	**Total**	**255019**	**41265375**	**643331**	**1969893**	**41336**	**30940**
东部地区	Eastern Region	89648	30504124	481192	714993	13489	13297
中部地区	Middle Region	80826	6377827	91604	437821	13618	6333
西部地区	Western Region	71325	3162407	64775	669540	10057	9052
东北地区	Northeast Region	13220	1221017	5760	147539	4172	2258
北京	Beijing	1632	190635	3887	11515	390	176
天津	Tianjin	20973	7322456	71213	44695	4211	5082
河北	Hebei	9861	901572	3669	115023	3242	2704
山西	Shanxi	2865	87772	2183	101270	1754	337
内蒙古	Inner Mongolia	1322	2052055	1024	40659	1400	224
辽宁	Liaoning	4508	1087648	2606	47111	1747	529
吉林	Jiling	4013	29021	865	3880	2022	945
黑龙江	Heilongjiang	4699	104348	2289	96548	403	784
上海	Shanghai	3306	1408	994	3485	15	
江苏	Jiangsu	14656	290485	5200	65014	1044	1280
浙江	Zhejiang	5848	20309324	46138	33044	503	2037
安徽	Anhui	11138	504487	4741	48658	3508	667
福建	Fujian	4398	765847	1778	64109	869	555
江西	Jiangxi	40075	427432	68917	116102	4295	2577
山东	Shandong	9688	585188	2115	298693	2238	588
河南	Henan	5376	5095455	2909	84527	1225	892
湖北	Hubei	19354	207808	11683	71849	1086	1019
湖南	Hunan	2018	54873	1171	15415	1750	841
广东	Guangdong	19286	137209	346198	79415	977	875
广西	Guangxi	15793	404573	2229	67321	695	306
海南	Hainan						
重庆	Chongqing	12752	31234	48972	55831	3217	521
四川	Sichuan	18090	167147	2860	111309	1466	3150
贵州	Guizhou	4065	80310	1127	17144	574	1065
云南	Yunnan	482	6096	146	5950	268	301
西藏	Tibet		5	3	150	17	4
陕西	Shaanxi	12246	208308	6259	257731	758	2404
甘肃	Gansu	2456	48688	827	61562	1093	321
青海	Qinghai	892	729	273	2123	15	299
宁夏	Ningxia	57	5094	41	6200	34	73
新疆	Xinjiang	2869	157676	812	40947	401	311
新疆兵团	Xinjiang Corps	301	492	202	2613	119	73

9-4 各省、自治区、直辖市生产力促进中心人员情况
Personnel Statistics of Productivity Promotion Centers by Region

单位：人 (person)

地 区	Region	人员数 Number of Employees	博士 Doctor	硕士 Master	学士 Bachelor	大专及以上 College and Higher Level
合　计	**Total**	**28905**	**774**	**3952**	**16438**	**26727**
东部地区	Eastern Region	11543	392	1908	6766	10772
中部地区	Middle Region	6831	177	850	3737	6350
西部地区	Westren Region	8631	130	908	4698	7754
东北地区	Northeast Region	1900	75	286	1237	1851
北　京	Beijing	1109	72	278	588	1064
天　津	Tianjin	2314	51	354	1628	2234
河　北	Hebei	1131	12	65	666	1056
山　西	Shanxi	726	22	68	431	685
内蒙古	Inner Mongolia	845	34	74	451	779
辽　宁	Liaoning	768	46	155	508	760
吉　林	Jilin	163	3	22	89	160
黑龙江	Heilongjiang	969	26	109	640	931
上　海	Shanghai	167	4	50	91	162
江　苏	Jiangsu	823	20	183	439	793
浙　江	Zhejiang	1532	65	217	835	1369
安　徽	Anhui	1874	35	212	1121	1775
福　建	Fujian	1076	38	112	577	961
江　西	Jiangxi	1917	55	205	869	1685
山　东	Shandong	633	7	97	368	596
河　南	Henan	523	15	51	330	484
湖　北	Hubei	1159	42	219	627	1114
湖　南	Hunan	632	8	95	359	607
广　东	Guangdong	2758	123	552	1574	2537
广　西	Guangxi	865	4	126	397	771
海　南	Hainan					
重　庆	Chongqing	575	28	114	269	538
四　川	Sichuan	956	20	119	530	920
贵　州	Guizhou	910	5	76	573	855
云　南	Yunnan	70		12	54	67
西　藏	Tibet	15		1	7	14
陕　西	Shaanxi	1658	9	115	879	1244
甘　肃	Gansu	1451	26	142	776	1350
青　海	Qinghai	75	1	4	60	71
宁　夏	Ningxia	103	1	42	46	103
新　疆	Xinjiang	1084	2	79	637	1018
新疆兵团	Xinjiang Corps	24		4	19	24

9-5 各省、自治区、直辖市生产力促进中心服务业绩情况
Service Achievements of Productivity Promotion Centers by Region

地　区	Region	服务企业数量（个）Number of Enterprises Served (unit)	为企业增加销售额（千元）Enterprises Sales Income Increased by PPCs Service (1000 yuan)	增加利税（千元）Profits and Taxes Added (1000 yuan)	为社会增加就业（人）Employ-ment Added (person)	中心总服务收入（千元）Total Service Income (1000 yuan)
合　计	**Total**	**442193**	**179438927**	**27501391**	**1279106**	**5757314**
东部地区	Eastern Region	180571	61710161	9495551	359585	3494418
中部地区	Middle Region	130049	73849021	9420425	473975	916127
西部地区	Westren Region	104398	31884985	4937549	262857	1231095
东北地区	Northeast Region	27175	11994760	3647867	182689	115674
北　京	Beijing	11181	3408200	418273	13470	755975
天　津	Tianjin	43088	6644149	897837	49109	350815
河　北	Hebei	16659	8431028	736571	77702	209463
山　西	Shanxi	7815	692482	156668	31341	42885
内蒙古	Inner Mongolia	6479	362100	56945	11041	29783
辽　宁	Liaoning	15135	10303141	3285588	78249	56954
吉　林	Jilin	2068	430853	119050	645	11325
黑龙江	Heilongjiang	9972	1260766	243229	103795	47395
上　海	Shanghai	700			85	47689
江　苏	Jiangsu	22976	14300410	2176221	63379	140808
浙　江	Zhejiang	20759	3907370	584053	25019	231719
安　徽	Anhui	16500	9868815	1571327	87971	312960
福　建	Fujian	9393	2592284	301455	30182	65969
江　西	Jiangxi	81308	39552830	4570151	208128	182080
山　东	Shandong	13561	10977345	2752545	50322	121042
河　南	Henan	9178	7167743	1097980	58115	176973
湖　北	Hubei	9777	14265364	1792853	64861	110344
湖　南	Hunan	5471	2301788	231446	23559	90885
广　东	Guangdong	42254	11449376	1628596	50317	1570936
广　西	Guangxi	5996	1736267	408285	17648	83904
海　南	Hainan					
重　庆	Chongqing	36436	4849060	1261316	24356	88781
四　川	Sichuan	15808	10659411	2002079	107547	119599
贵　州	Guizhou	6582	3675905	157962	13958	122023
云　南	Yunnan	939	2860607	172903	3209	42896
西　藏	Tibet	48	2300	161	17	850
陕　西	Shaanxi	17703	5267357	566906	51605	571358
甘　肃	Gansu	4460	658944	84976	14489	53661
青　海	Qinghai	1168	14490	2693	769	8718
宁　夏	Ningxia	1262	336369	48147	3421	8832
新　疆	Xinjiang	6747	1436610	162055	12805	98254
新疆兵团	Xinjiang Corps	770	25566	13121	1992	2436

9-6 各省、自治区、直辖市国家级示范生产力促进中心基本情况
General Statistics of State Level Model Productivity Promotion Centers by Region

地 区	Region	中心个数 (个) Number of Productivity Promotion Centers (unit)	入统中心个数 (个) Number of Productivity Promotion Centers with Data (unit)	人员总数 (人) Number of Employees (person)	总资产 (千元) Total Assets (1000 yuan)	政府投入 (千元) Govement Investment (1000 yuan)	年总服务收入 (千元) Service Income of the Year (1000 yuan)	办公面积 (平方米) Office Area (sq.m)
合 计	**Total**	**247**	**235**	**10429**	**11005551**	**1323577**	**1999446**	**1158836**
东部地区	Eastern Region	95	88	4588	4680782	425541	1177092	509861
中部地区	Middle Region	45	45	1824	2927453	180305	385867	161020
西部地区	Westren Region	71	69	2823	2956477	683721	342049	345481
东北地区	Northeast Region	36	33	1194	440840	34010	94439	142474
北 京	Beijing	10	10	652	382836	44469	358552	11291
天 津	Tianjin	6	6	190	108112	6966	39639	22977
河 北	Hebei	20	18	554	459291	39471	145116	26410
山 西	Shanxi	7	7	392	80757	7751	35668	6573
内蒙古	Inner Mongolia	5	5	196	134475	17002	10202	19903
辽 宁	Liaoning	20	19	616	247353	16718	49483	43660
吉 林	Jilin	4	2	82	31471	8024	5856	2695
黑龙江	Heilongjiang	12	12	496	162016	9268	39100	96120
上 海	Shanghai	1	1	79	43693	17649	19398	8385
江 苏	Jiangsu	17	16	662	989969	84075	134541	40760
浙 江	Zhejiang	10	10	521	617754	6766	115517	52403
安 徽	Anhui	7	7	223	260905	7320	27355	29548
福 建	Fujian	11	11	550	820602	143141	49839	94918
江 西	Jiangxi	6	6	352	107433	30642	54119	15006
山 东	Shandong	14	10	323	334857	43316	110175	29536
河 南	Henan	10	10	301	215370	17449	153812	44534
湖 北	Hubei	8	8	240	2037982	107370	42040	20208
湖 南	Hunan	7	7	316	225006	9773	72872	45151
广 东	Guangdong	6	6	1057	923669	39686	204314	223181
广 西	Guangxi	8	8	397	139515	41713	14693	17661
海 南	Hainan							
重 庆	Chongqing	8	6	204	92859	29124	31510	11782
四 川	Sichuan	7	7	316	710189	277778	35237	10780
贵 州	Guizhou	7	7	248	1082587	101486	36265	160363
云 南	Yunnan	2	2	70	103244	72075	42896	10050
西 藏	Tibet	1	1	15	47300		850	1700
陕 西	Shaanxi	14	14	599	249415	14882	81756	43697
甘 肃	Gansu	5	5	223	130891	15084	6319	28795
青 海	Qinghai	2	2	60	56685	46167	7384	3053
宁 夏	Ningxia	2	2	87	29792	8885	8832	9450
新 疆	Xinjiang	9	9	384	159324	53457	63669	26287
新疆兵团	Xinjiang Corps	1	1	24	20199	6068	2436	1960

9-7 各省、自治区、直辖市国家级生产力促进中心服务情况
Service Statistics of State Level model Productivity Promotion Centers by Region

地　区	Region	咨询服务项　次（项次）Consultation Service (item time)	提供信息条　数（条）Information Provided (piece)	技术服务项　次（项次）Technological Service (item time)	培训服务人　次（人次）Training Service (person time)	中介服务项　次（项次）Intermediary Service (item time)	孵化企业服　务（个）Incubation Service (unit)
合　计	**Total**	**140692**	**10022859**	**112464**	**918492**	**19131**	**19587**
东部地区	Eastern Region	61155	2500525	72221	497016	7033	8148
中部地区	Middle Region	23559	5350784	19158	164038	5177	2781
西部地区	Westren Region	46000	971084	15779	201314	2967	6830
东北地区	Northeast Region	9978	1200466	5306	56124	3954	1828
北　京	Beijing	1447	81011	3687	8284	328	64
天　津	Tianjin	10761	17142	661	5301	713	2745
河　北	Hebei	5813	778098	3264	64153	2264	965
山　西	Shanxi	2240	59205	1689	46648	1251	204
内蒙古	Inner Mongolia	534	216555	771	4635	686	135
辽　宁	Liaoning	3953	1077757	2342	35004	1688	491
吉　林	Jilin	1706	27105	856	1870	1997	663
黑龙江	Heilongjiang	4319	95604	2108	19250	269	674
上　海	Shanghai	788	1385		2220	14	
江　苏	Jiangsu	14203	200306	4547	57159	671	1150
浙　江	Zhejiang	5181	73850	45501	10535	324	1923
安　徽	Anhui	3389	89830	1620	8453	346	201
福　建	Fujian	2620	741056	1127	42040	268	255
江　西	Jiangxi	7609	102131	1831	13272	846	541
山　东	Shandong	8833	553693	1904	278439	1918	436
河　南	Henan	5271	5039854	2774	80875	1092	840
湖　北	Hubei	3592	24585	10247	6111	490	425
湖　南	Hunan	1458	35179	997	8679	1152	570
广　东	Guangdong	11509	53984	11530	28885	533	610
广　西	Guangxi	12399	328365	1684	26658	104	167
海　南	Hainan						
重　庆	Chongqing	7675	19558	3913	15254	225	172
四　川	Sichuan	9042	113701	1444	31103	592	2513
贵　州	Guizhou	3122	61854	793	2494	189	575
云　南	Yunnan	482	6096	146	5950	268	301
西　藏	Tibet		5	3	150	17	4
陕　西	Shaanxi	8201	76181	5863	71372	534	2307
甘　肃	Gansu	1431	8352	243	14614	81	73
青　海	Qinghai	758	628	255	1804	6	294
宁　夏	Ningxia	41	4974	41	3922	31	51
新　疆	Xinjiang	2014	134323	421	20745	115	165
新疆兵团	Xinjiang Corps	301	492	202	2613	119	73

9-8 各省、自治区、直辖市国家级生产力促进中心人员情况
Personnel Statistics of State Level model Productivity Promotion Centers by Region

单位：人 (person)

地区	Region	人员数 Number of Employees	博士 Doctor	硕士 Master	学士 Bachelor	大专及以上 College and Higher Level
合　计	**Total**	**10429**	**282**	**1686**	**6993**	**10049**
东部地区	Eastern Region	4588	137	789	3092	4576
中部地区	Middle Region	1824	51	252	1262	1774
西部地区	Westren Region	2823	54	472	1899	2725
东北地区	Northeast Region	1194	52	218	848	1171
北　京	Beijing	652	35	150	344	632
天　津	Tianjin	190	3	37	140	187
河　北	Hebei	554	9	40	408	532
山　西	Shanxi	392	22	52	273	385
内蒙古	Inner Mongolia	196	8	31	133	189
辽　宁	Liaoning	616	42	132	412	611
吉　林	Jilin	82	3	18	57	81
黑龙江	Heilongjiang	496	7	68	379	479
上　海	Shanghai	79	2	30	40	76
江　苏	Jiangsu	662	19	166	344	643
浙　江	Zhejiang	521	17	107	327	489
安　徽	Anhui	223	6	27	170	221
福　建	Fujian	550	22	67	354	513
江　西	Jiangxi	352	3	46	232	330
山　东	Shandong	323	3	49	213	314
河　南	Henan	301	7	35	199	293
湖　北	Hubei	240	6	38	174	233
湖　南	Hunan	316	7	54	214	312
广　东	Guangdong	1057	15	98	814	993
广　西	Guangxi	397	4	96	233	375
海　南	Hainan					
重　庆	Chongqing	204	12	45	108	197
四　川	Sichuan	316	15	75	183	311
贵　州	Guizhou	248	1	37	177	242
云　南	Yunnan	70		12	54	67
西　藏	Tibet	15		1	7	14
陕　西	Shaanxi	599	5	70	437	577
甘　肃	Gansu	223	6	12	179	213
青　海	Qinghai	60	1	4	48	58
宁　夏	Ningxia	87	1	42	42	87
新　疆	Xinjiang	384	1	43	279	371
新疆兵团	Xinjiang Corps	24		4	19	24

9-9 各省、自治区、直辖市国家级生产力促进中心服务业绩情况

Service Achievements of State Level model Productivity Promotion Centers by Region

地　区	Region	服务企业数　量（个）Number of Enterprises Served (unit)	为企业增加销售额（千元）Enterprises Sales Income Increased by PPCs Service (1000 yuan)	增加利税（千元）Profits and Taxes Added (1000 yuan)	为社会增加就业（人）Employ-ment Added (person)	中心总服务收入（千元）Total Service Income (1000 yuan)
合　计	**Total**	**274112**	**98976234**	**16780061**	**601626**	**1999446**
东部地区	Eastern Region	124569	46108365	7615273	194772	1177092
中部地区	Middle Region	39572	21796874	3045594	115568	385867
西部地区	Westren Region	84309	19955154	2790347	141024	342049
东北地区	Northeast Region	24892	11090275	3315725	148270	94439
北　京	Beijing	9476	1452000	222400	9710	358552
天　津	Tianjin	19347	2076397	336050	4410	39639
河　北	Hebei	13473	5890426	526654	58768	145116
山　西	Shanxi	6307	418138	46046	17172	35668
内蒙古	Inner Mongolia	5058	198849	26005	5071	10202
辽　宁	Liaoning	13960	10183466	3092175	72137	49483
吉　林	Jilin	1684	381453	114230	135	5856
黑龙江	Heilongjiang	9248	525356	109320	75998	39100
上　海	Shanghai	532			85	19398
江　苏	Jiangsu	21649	12359642	1904297	43452	134541
浙　江	Zhejiang	18987	2069752	345471	20722	115517
安　徽	Anhui	6534	2230475	423325	19086	27355
福　建	Fujian	7473	1898202	229182	7176	49839
江　西	Jiangxi	8950	3726974	612367	11832	54119
山　东	Shandong	12523	10320622	2675900	38230	110175
河　南	Henan	8529	4730070	723298	48637	153812
湖　北	Hubei	4881	9582896	1103492	9844	42040
湖　南	Hunan	4371	1108321	137066	8997	72872
广　东	Guangdong	21109	10041324	1375320	12219	204314
广　西	Guangxi	5023	400768	83951	4042	14693
海　南	Hainan					
重　庆	Chongqing	30482	2163965	840235	13126	31510
四　川	Sichuan	12593	5679587	965955	48596	35237
贵　州	Guizhou	4769	2913903	53187	5466	36265
云　南	Yunnan	939	2860607	172903	3209	42896
西　藏	Tibet	48	2300	161	17	850
陕　西	Shaanxi	16380	4044419	456893	45336	81756
甘　肃	Gansu	2015	244030	30053	5778	6319
青　海	Qinghai	1093	14190	2678	749	7384
宁　夏	Ningxia	1193	336219	48127	3395	8832
新　疆	Xinjiang	4716	1096317	110200	6239	63669
新疆兵团	Xinjiang Corps	770	25566	13121	1992	2436

第十部分

主要指标解释

The Tenth Part

Explanatory Notes on Main Indicators

主要指标解释

工业总产值：指工业企业在报告期内生产的以货币形式表现的工业最终产品和提供工业劳务活动的总价值量。由本期生产成品价值、对外加工费收入、自制半成品在制品期末期初差额价值。

本期生产成品价值：指企业在报告期生产，经检验合格的已销售和准备销售的全部工业成品（半成品）价值合计。成品价值中包括企业生产的自制设备及提供给本企业在建工程、其他非工业部门和生活福利部门等单位使用的成品价值，但不包括用订货者来料加工的成品（半成品）价值。

对外加工费收入：指企业在报告期完成的对外承做的工业品加工（包括用订货者来料加工生产）的加工费收入和对外工业品修理作业所收取的加工费收入和对内非工业部门提供的加工修理、设备安装等收入。对外加工费收入中不包括销项税额。

自制半成品在制品期末期初差额价值：为了使工业总产值与工业中间投入中的物耗价值一致，以便同口径地计算工业增加值，规定本指标的计算原则是：凡是企业会计产品成本核算中计算半成品、在制品成本，则工业总产值中必须包括自制半成品在制品期末期初差额价值。反之亦然。

营业收入：指企业经营主要业务和其他业务所确认的收入总额。营业收入合计包括"主营业务收入"和"其他业务收入"。

技术收入：指企业全年用于技术转让、技术承包、技术咨询与服务、技术入股、中试产品收入以及接受外单位委托的科研收入等。

产品销售收入：指企业全年销售全部产成品、自制半成品和提供劳务等所取得的收入。

商品销售收入：指企业销售以出售为目的而购入的非本企业生产产品的销售收入。

实际上缴税费总额：指企业实际上缴的各项税金、特种基金和附加费等。

流动资产：指企业可以在一年内或者超过一年的一个生产周期内变现或者耗用的资产，包括现金及各种存款、短期投资，应收及预付款项、存货等。

年末资产：指企业在报告年末拥有或控制的能以货币计量的经济资源，包括各种财产、债权和其他权利。资产按其流动性（即资产的变现能力和支付能力）划分为：流动资产、长期投资、固定资产、无形资产、递延资产和其他资产。

年末负债：按会计报表的流动负债与长期负债之和填写。

年末从业人员数：指在报告期末，在企业中从事劳动并取得劳动报酬或经营收入的全部劳动力。

科技活动人员合计：指企业内部直接参加科技项目以及项目的管理人员和直接服务的人员。不包括全年累计从事科技活动时间不足制度工作时间 10%的人员。

科技活动经费内部支出：指报告年内用于科技活动的实际支出，包括劳务费、科研业务费、科研管理费，非基建投资构建的固定资产、科研基建支出以及其他用于科技活动的支出。不包括生产性活动支出、归还贷款支出及转拨外单位支出。反映科技投入实际完成情况。

R&D 经费内部支出：指调查单位在报告年度用于内部开展 R&D 活动的实际支出。包括用于 R&D 项目（课题）活动的直接支出，以及间接用于 R&D 活动的管理费、服务费、与 R&D 有关的基本建设支出以及外协加工费等。不包括生产性活动支出、归还贷款支出以及与外单位合作或委托外单位进行 R&D 活动而转拨给对方的经费支出。

发明专利：指对产品、方法或者其改进所提出的新的技术方案。是国际通行的反映拥有自主知识产权技术的核心指标。

实用新型：指对产品的形状、构造或者其结合所提出的适于实用的新的技术方案。反映具有一定技术含量的技术成果情况。

外观设计：指对产品的形状、图案、色彩或者其结合所作出的富有美感并适于工业上应用的新设计。反映拥有自主知识产权的外观设计成果情况。

Explanatory Notes on Main Indicators

Gross Industrial Output Value refers to the total volume of final industrial products produced and industrial services provided during a given period in monetary terms. Gross industrial output value is composed of value of the finished products during the reference period, income from processing for external parties, and value of change in semi-finished products between the end and the beginning of the reference period.

Value of finished products during the reference period refers to the value of all finished (semi-finished) industrial products that are produced during the reference period, checked for acceptance, and sold or ready to sell, including the value of own-produced equipment and the value of products provided to the projects under construction of the enterprise, and to other non-industrial or welfare units, but excluding the value of finished products (semi-finished products) that are produced using the materials from the clients who place the orders.

Income from external processing refers to income from contracted external processing of industrial products (including processing of industrial products using materials from the clients), the income from industrial repairing work provided to other parties, and income from processing, repairing, installation of equipment provided to non-industrial units within the enterprises. Income from external processing does not include value-added tax.

Value of change in semi-finished products between the end and the beginning of the reference period is calculated according to the principle that if the enterprise accounting includes the cost of semi-finished products, then the value of change should be included in the gross industrial output value, and vice versa. This is to keep the value of goods consumption of gross industrial output value and that of industrial intermediate inputs the same, so that the industrial added value is calculated in the same caliber.

Operating Revenue refers to the sum of various incomes from main business and other operations. It is consisted of "revenue from principal business" and "revenue from other business".

Technology Income refers to income of enterprises from technology transfer, technology contract, technology consultation and service, technology investment, pilot product sale and income from scientific research entrusted by other units over the year.

Income of Product Sales refers to income from sales of all finished products, self-made semi-finished products and income of services provided by enterprises over the year.

Income of Commodity Sales refers to sales income from products purchased by enterprises for the purpose of sale and not produced by enterprises themselves.

Total Taxes and Fees Actually Submitted refer to various taxes, special funds and extra charges actually submitted by enterprises.

Current Assets refer to assets that can be cashed or disposed of in one year or one production period of more than one year, including cash and various deposits, short-term investment, accounts receivable or in advance payment, and inventory etc.

Assets by the end of Year refer to the economic resources that can be calculated in monetary terms held or controlled by enterprises by the end of the reference year, including property in various forms, creditor's rights and other rights. Assets are divided into the following categories according to its liquidity (i. e., cashability and capacity to pay): current assets, long-term investments, fixed assets, intangible assets, deferred assets and other assets.

Liabilities by the end of Year refers to the sum of current liabilities and long-term liabilities in the financial statement.

Number of Employed Personnel by the end of Year refers to the number of all the labor force who is engaged in gainful employment in tenant enterprises and thus receive remuneration payment or earn business income by the end of the reference year.

Total Number of Personnel Engaged in Science and Technology Activities refers to the number of personnel in the enterprises who are directly engaged in implementation of S&T projects or management of and direct services to the projects. Excluding the personnel who commit less than 10% of their work time to S&T activities accumulatively over the year.

Intramural Expenditures on Science and Technology Activities refer to the real expenditure of surveyed units on their own S&T activities including expenditure on labor, scientific research, management of scientific research, fixed assets excluding capital construction, expenditure on infrastructure for scientific research activities and other expenditure on S&T activities. Excluding the expenditure on production activities, return of loan, and fees transferred to cooperated and entrusted agencies. This indicator reflects the actual completion status of S&T input.

Intramural Expenditure of Funds on R&D refers to the real expenditure of surveyed units on their own R&D activities including direct expenditure on R&D activities in projects, indirect expenditure of management and services on R&D activities, expenditure on capital construction and material processing by others. Excluding the expenditure on production activities, return of loan, and fees transferred to cooperated and entrusted agencies on R&D activities.

Patented Inventions refer to new technical proposals to the products or methods or their modifications. This is universal core indicator reflecting the technologies with independent intellectual property.

Patented Utility Models refer to the practical and new technical proposals on the shape and structure of the product or the combination of both. This indicator reflects the condition of technical results with certain technical content.

Designs refer to the aesthetics and industrially applicable new designs for the shape, pattern and color of the product, or their combinations. This indicator reflects the appearance design achievements with independent intellectual property.